Six Nuevomexicano Folk Dramas
for Advent Season

Pasó Por Aquí

Series on the Nuevomexicano Literary Heritage

Edited by Genaro M. Padilla,

Erlinda Gonzales-Berry, and

A. Gabriel Meléndez

Six Nuevomexicano Folk Dramas
for Advent Season

Translated and Illustrated by

Larry Torres

ALBUQUERQUE, THE UNIVERSITY OF NEW MEXICO PRESS

Library of Congress Cataloging-in-Publication Data

Six nuevomexicano folk dramas for Advent season / translated and
illustrated by Larry Torres,— 1st ed.
   p. cm.—(Paso por aqui: series on the Nuevo Mexicano literary heritage)
   Contents: Las cuatro apariciones de Guadalupe—Las posadas—
Los pastores—Los moros y los cristianos—los matachines
desenmascarados—Los tres Reyes Magos.
ISBN 0-8263-1963-7 (c. alk. paper).—ISBN 0-8263-1964-5 (pbk. alk. paper)
   1. Folk drama. Hispanic American (Spanish)—New Mexico.
2. Folk drama. Hispanic American (Spanish)—New Mexico—
Translations into English. I. Torres, Larry. 1954– II. Title. 6 nuevomexicano folk dramas for Advent season. III. Series: Pasó Por Aquí.
PQ7078.5.N62S59 1999
398.2'089'680789—dc21   99-23192
                                           CIP

This book is dedicated to all of my family

who helps to propagate

these folk dramas yearly.

In a very special way

it is dedicated to the new generation

of Torres actors:

Gina, Javier, Steven, Britnnee,

Alejandro, Carlos, and Diego.

Contents

Note from the Series Editors

Larry Torres, a native of Arroyo Seco, New Mexico, a teacher and an actor, has been involved with the revival and performance of the Hispano New Mexican folk dramas presented in this volume for well over a decade. As the founder and a guiding member of *El Teatro de la Santísima Trinidad,* (The Holy Trinity Community Theater) Torres recreates the beauty and allegorical power of Hispano folk dramas for contemporary audiences with each new staging of these wonder-filled stories that speak of the human spirit rising above failure and triumphing over adversity.

The present collection is organized around the yearly cycle of liturgical reenactments at Advent/Christmas/Epiphany that, traditionally, have been a key part of New Mexican village life. These plays remind us that vernacular literature of this kind has expressive range and depth. Such material was not only meant to be read, it was meant to be staged and viewed. The rich symbolism and allegory these plays contain transcend the didactic function of their original staging, and, inasmuch, they remain elements that continue to convey important insights on human desire to contemporary readers and audiences. It is with this in mind that we present the six plays reproduced in this collection: *The Four Apparitions of Guadalupe / Las Cuatro Apariciones de Guadalupe; No Room at the Inn / Las Posadas; The Second Shepherd's Play / Los Pastores; The Battle of the Christians and the Moors / Los Moros y Los Cristianos;* and *The Matachines / Los Matachines;* and *The Three Wise Men / Los Tres Reyes Magos.* Here are texts that represent a living tradition rooted in the vitality of the Hispanic culture of the New World.

In carefully piecing together the Spanish texts from disparate oral accounts and rare manuscript collections, and by restoring them, Larry Torres provides general and specialized readers with the most complete versions avail-

able in a bilingual format. Torres's introductions to each play provide a summary and general information that adds to the historic context and function of the plays in their natural setting: the rural Hispanic communities of New Mexico.

We are very pleased to offer the present compilation of six *Nuevomexicano* folk dramas as a part of the *Pasó Por Aquí Series,* a series dedicated to the dissemination and study of the literature of Hispanic New Mexico. Collectively these texts represent the vibrant and richly imaginative origins of the Hispanic literary tradition in New Mexico. Torres's work in recovering and compiling these plays reassures us that this tradition lives on.

A. Gabriel Meléndez
Erlinda Gonzales-Berry
Genaro Padilla

General Editors
Pasó Por Aquí Series

Introducción

Se dice que en la gran esquema del teatro mundial, el drama de Nueveo México es a la vez arcáico y moderno. No pertenece a ninguna clasificación ordinaria en el desarroyo del teatro mundial. Puede ser a la vez trágico y cómico. Puede ser aericano o anti-americano. Es tanto social como romántico. Es sagrado y profano, realista y surrealista. Tiene elementos de ópera y ballet y a la misma vez, contiene varios elementos de zarzuela. Es presentacionalista porque la audencia participa en él. El teatro de Nuevo México se ha inventado y reinventado tantas veces que parece un microcosmo del más gran teatro mundial. Antes de comenzar a hablar de las varias formas de drama nuevo mexicano, sin embargo, quizá nos es necesario echar una buena ojeada panorámico a la historia del teatro en general.

Si echamos una ojeada a los principios del teatro mundial, nos daremos cuenta de que los primeros sonidos se hacían por el hombre primitivo en imitación a los sonidos de la naturaleza. Esta imitación nos dió la base más fundamental del teatro. El hombre primitivo, por ejemplo, expresaba "murmullo" en imitación del agua, "palo" en imitación de un golpe, "tras" en imitación de un relámpago, "zum" en imitación de las abejas, "traque" en imitación del fuego, y en fin. A esta imitación de la naturaleza se le agregó el movimiento, el ritmo, y la danza. Pronto comenzaron a surgir varias formas de teatro primitivo.

Entre las primeras formas, el teatro chamanista se hacía por la luz del fuego refleccionada en las paredes de las cuevas y cavernas. Aquí, era la sombra del actor, si así se puede llamarle al chamán, que era importante observar. Con el teatro pantomimista el drama pasó al aire libre entre los indígenas, imitando a los animales o ritos de caza. El teatro Cabuqui se hacía con sombras detrás del telón en países del Oriente. En Tailandia y en Burma, surgió el teatro marionetista detrás del mismo telón pero con coro y música agregada al movimiento de la sombra de la marioneta.

Introduction

It is said that in the great scheme of world theater, New Mexico drama is both archaic and modern at the same time. It does not belong to any ordinary classification in the development of world theater. It can be both tragic and comic. It can be American or anti-American. It is both social and romantic. It is sacred and profane, realist and surrealist. It has elements of opera and ballet and at the same time, it is filled with elements of zarzuela. It is presentationalist because audiences participate in it. New Mexico theater has invented and reinvented itself so many times that it seems like a microcosm of the greater world theater. Before speaking of the New Mexico forms of drama, however, it is perhaps necessary to take a panoramic glance at the history of theater in general.

If we take a look at the origins of world theater, we will quickly realize that the first sounds were made by early man in imitation of the sounds found in nature. This imitation gave us the most fundamental base in theater. Early man would, for example, express "murmur" in imitation of water, "pow" in imitation of a blow, "crack" in imitation of lightning, "buzz" in imitation of bumblebees, "crackle" in imitation of fire, and so forth. To this imitation of nature was added movement, rhyme, and dance. Soon we began to witness various forms of early theater.

Among its early forms, shamanist theater was performed by the light of a bonfire reflected upon the walls of caves and caverns. Here, the shadow of the actor, if indeed a shaman may be called an actor, was important to observe. With the coming of pantomime theater, drama passed into the open air among many native people, imitating both animals and ritual hunts. Kabuki theater was performed with shadows behind curtains in many Asian countries. In Thailand and in Burma, puppet theater reached its zenith in the same shadow style behind a curtain but with music added to the movement of the puppets' shadows.

If we take a look at Greek-Roman theater, we will quickly realize that this

Si miramos a los orígenes del teatro Greco-Romano, nos daremos cuenta de que esta forma de drama surgió como fiesta en honor de Dionisio, dios del vino. Los dramas se clasificaban en dos categorías: tragedias, cuyo nombre significa "canción de cabra," y comedias, presentadas en anfiteatros con máscaras exageradas. Entre los dramatistas griegos sobresalientes contamos con Tespis, de quien proviene la palabra "tespiano" para indicar un actor. También había Éscalo, quien escribió *La Oresteia*; Sófoclo, quien escribió *Edipo* y *Antigone*; y Aristófanes, autor de la celebrada *Lisistrada*. Entre los dramaturgos romanos, Séneca escribía tragedias basadas en los mitos griegos y Plauto escribía obras de teatro más finas que las de sus antecedentes.

El teatro medieval vió un redescubrimiento de temas bíblicos. Trataba de la personificación de los Siete Pecados Mortales y las Siete Virtudes Cardinales. Entre las comedias de esta época surgieron las comedias de moralidad, que trataban de la lucha eterna entre el bien y el mal. También habían las comedias de misterio, que trataban de la vida de Jesús, y las comedias de milagro, que trataban de la vida de los santos. Estos dramas tomaban la forma de *autos sacramentales*, que eran piezas alegóricas y poéticas que trataban de sujetos religiosos.

El teatro del Renacimiento se estableció primeramente en Italia. La forma teatral más ligada con Italia es la ópera, en la cual todo diálogo es cantado. Una de las primeras obras en esta forma nueva fue *Orféo*, escrita por Claudio Monteverdi (1567–1643). Los italianos le dieron el proscenio a la escena del teatro, físicamente separando el espacio entre los espectadores y los actores. Los italianos también desarrollaron la commedia dell'arte, via cual es una combinación de máscaras al estilo de Plauto con personificaciones de personajes rudos. Entre ellos había Pantelone, quien representaba a los comerciantes; Brighella, quien era una sierva; Capitano, quien era un soldado; Pierrot, quien era un payaso; y Escapino, quien era un pícaro.

Cuando el teatro pasó hacía el Siglo de Oro, en varios países se hallaban los trovadores, quienes eran actores, danzantes, y comediantes errantes yendo de lugar en lugar. El teatro inglés se hacía fuera de la ciudad porque chocaba con los valores puritanos del día. Los ingleses tenían tespianos pero no tespianas; ambos papeles se hacían por actores varones. El teatro inglés surgió en forma de romances idílicos, tragi-comedias, tragedias de venganza, y poesías. Los dramas poéticas eran escritas en pies de pentámetro yámbico. El primer dramaturgo al utilizar esta forma fue Christopher Marlowe (1564–1593), en su obra *Tamburlaine*. El teatro mascado, llamado *masques*, se hacía en salas de banquete.

En ninguna discusión del teatro mundial nos es lícito dejar de mencionar las contribuciones y poesías de Guillermo Shakespeare (1564–1616). A veces es difícil hablar de sus obras completas, puesto que en esos días las obras teatrales no se publicaban por muchos años. Hay, aún hoy día, cuestión de si verdaderamente escribió algunas de las obras atribuídas a él. Lo que sí se

form of drama came out of festivals in honor of Dionysius, god of wine. These dramas were divided into two categories: tragedy, whose name means "goat song," and comedy, performed in amphitheaters with exaggerated masks. Among the earliest outstanding Greek dramatists, we have Thespis, from whom we get the modern word "thespian" to indicate an actor. There was also Aeschylus, author of *The Oresteia*; Sophocles, who wrote *Oedipus* and *Antigone*; and Aristophanes, author of the famous *Lysistrata*. Among the Roman playwrights, Seneca wrote tragedies based upon Greek myths and Plautus wrote in a finer hand than many of those who preceded him.

Medieval theater saw a rediscovery of biblical themes. It involved the personification of the Seven Deadly Sins and the Seven Cardinal Virtues. Among the comedies of this era, morality plays told of the eternal battle between good and evil. There were also mystery plays, which revealed the life of Jesus, and miracle plays, which treated the lives of saints. These dramas took the form of *auto sacramentales*, which were allegorical, poetic pieces based upon religious themes.

Renaissance theater found its first home in Italy. The form of theater most associated with Italy is opera, in which all dialogue is sung. One of the first examples of this form was *Orpheus*, written by Claudio Monteverdi (1567–1643). The Italians gave the proscenium to the theater, physically separating the space between the audience and the actors. The Italians also developed commedia dell'arte, which is a combination of masks in the style of Plautus with personifications of primitive characters. Among them were Pantelone, who represented the merchant class; Brighella, the servant; Capitano, the soldier; Pierrot, the clown; and Escapino, the rogue.

When theater entered the Golden Age, in various countries it was performed by troubadours, who were errant actors, dancers, and comedians wandering from place to place. English theater was performed outside the city limits because it conflicted with the Puritan values of the day. The English had actors but not actresses; both roles were played by male actors. English theater took the shape of idyllic romances, tragicomedies, tragedies of revenge-all written in iambic-pentameter poetry. The first playwright to utilize this form was Christopher Marlowe, in his play *Tamburlaine*. Masked theater took the shape of masques performed at banqueting halls.

No discussion of world theater would be complete without mentioning the contributions and poetics of William Shakespeare (1564–1616). It is at times difficult to speak of his complete works because in those days theater pieces were often not published for years afterward. There is, even today, some question as to whether specific pieces attributed to him were really written by Shakespeare. What is known for certain, though, is that Shakespeare was as much a master of comedies, histories, tragedies, farce-comedies, tragicomedies, and romantic comedies as he was of sonnets and ballads. With the triumph of Puritanism in 1660, theater began to change.

conoce bien es que Shakespeare era maestro tanto de comedias, crónicas (historias), tragedias, farza-comedias, tragi-comedias, y comedias-románticas como de sonetos y baladas. Con el triunfo del Puritanismo en 1660, el teatro comenzó a cambiar.

Cuando hablamos del Siglo de Oro en España recordamos que los primeros dramas allí se hacían en corrales y no en edificios. Desemejante al teatro inglés, en España las mujeres sí podían participar en el teatro como actrices. Entre los dramaturgos pre-eminentes en España contamos con Lope de Vega (1562–1635). Él escribió arriba de mil ochocientos dramas. En varios de ellos el tema central es el del honor. Calderón de la Barca (1600–1681) escribió romances cómicos, tragedias serias, *autos sacramentales* y *zarzuelas*. Tirso de Molina (1583–1648) escribió el primer *Don Juan*. Miguel de Cervantes (1547–1616) es más reconocido por su novela *Don Quijote* que por sus otras formas literarias. Es durante este siglo que surgieron las obras dramáticas *Los moros y los cristianos* y *Los pastores*, las cuales discutiremos en más detalle en un momento.

El teatro neoclásico reemplazó al teatro al aire libre con grandes salones que tenían que ser iluminados artificialmente. La Academia Francesa, fundada en 1673, regulaba la calidad de las obras presentadas en Francia. Entre los dramaturgos trágicos en Francia contamos con Pierre Corneille (1606–1684), quien escribió *Le Cid* con su harto tema del conflicto eterno entre el honor y el amor. También había Jean Racine (1639–1699), cuya *Phaèdre* trata del tema del incesto entre madre e hijo. Entre los dramaturgos cómicos franceses, quizá el más reconocido sea Jean Baptiste Poqueline, conocido como Molière. Molière (1622–1673) escribió, entre varios otros dramas, *Tartuffe* que trata del tema de la hipocrisía religiosa. Fue durante este tiempo que el ballet se formalizó como obra teatral.

Con la venida del siglo dieciocho, el teatro sentimental por primera vez introdujo a personajes burgueses donde antes solamente habían nobles y pobres sobre la escena. Habían monopolios teatrales y censuras comenzando en 1737. David Garrick, el actor inglés, quizá fue el primer "superstar" reconocido como tal en su propio tiempo. Entre los dramaturgos del teatro sentimental había Oliver Goldsmith (1730–1774), con su obra *She Stoops to Conquer*; Richard Sheridan (1751–1861), con su renombrada *School for Scandal*; y Beaumarchais (1732–1799), con sus obras *El barbero de Sevilla* y *Las bodas de Fígaro*.

Muchos artistas rechazaron las formas clásicas del siglo anterior y se fueron en búsqueda de formas nuevas y naturales de expresión. Trataban de glorificar al hombre ordinario en un mundo natural. Se les dió a estos el nombre de románticos. Los proponentes del teatro romántico rebuscaban su inspiración en el folklore, las leyendas y en la historia local y nacional. Los dramaturgos internacionales más reconocidos por este tema son Friedrich von

When we speak of Golden Age theater in Spain, we recall that the first dramas were performed in corrals and not within buildings. Unlike English women, Spanish women were permitted to participate in theater as actresses. Among the preeminent playwrights of Spain, we recall Lope de Vega (1562–1635). He wrote over eighteen hundred works. In many plays his central theme is honor. Calderon de la Barca (1600–1681) wrote comic romances, serious tragedies, and *auto sacramentales* and *zarzuelas*. Tirso de Molina (1583–1648) wrote the first *Don Juan*. Miguel de Cervantes (1547–1616) is remembered more for his novel *Don Quixote* than for his work in other literary forms. It was during this century that the dramatic works *The Christians and the Moors* and *The Second Shepherd's Play* came forth; to be discussed in greater detail later.

Neoclassical theater replaced open-air theater with great halls which had to be artificially lit. The Academie Française, founded in 1673, monitored the quality of works presented in France. Among the playwrights of tragedy in France, we remember Pierre Corneille (1606–1684), who wrote *Le Cid* with its overwhelming theme of the eternal conflict between honor and love. There was also Jean Racine (1639–1699), whose *Phaedra* treats the theme of incest between mother and son. Among the French comic playwrights, the most recognized is perhaps Jean Baptiste Poqueline, known to the world as Molière. Molière (1622–1673) wrote, among various other works, *Tartuffe* which treats the theme of religious hypocrisy. It was during this time that ballet was firmly established as a true form of theater.

With the coming of the eighteenth century, sentimental theater introduced for the first time characters from the bourgeoisie, where before only the rich and the poor appeared on stage. Theater monopolies and censorship began in 1737. David Garrick, the English actor, was the first "superstar" recognized as such in his own lifetime. Among the playwrights of sentimental theater were Oliver Goldsmith (1730–1774), with his piece *She Stoops to Conquer;* Richard Sheridan (1751–1861), with his renowned *School for Scandal*; and Beaumarchais (1732–1799), with his works *The Barber of Seville* and *The Marriage of Figaro*.

Many artists rejected the classical forms of the previous century and went off in search of new and natural forms of expression. They tried to glorify the common man in a natural setting. They were known as romantics. The proponents of romantic theater looked to folklore, legends, and local and national history for their inspiration. The international playwrights most acknowledged for this theme are Friedrich von Schiller (1759–1805), with his piece *William Tell*; Johann Wolfgang von Goethe, with his famous *Faustus*; and Victor Hugo (1802–1885), with his work *Hernani*.

Melodramatic and realist theater was reinvented according to the effects of the Industrial Revolution. This form of theater insisted upon heroes and

Schiller (1759–1805), con su obra *William Tell*; Johann Wolfgang von Goethe, con su celebre *Fausto*; y Victor Hugo (1802–1885), con su obra *Hernani*.

El teatro melodramático y realista se reinventó según los efectos de la Revolución Industrial. Esta forma de teatro insistía en héroes y heroínas de la baja sociedad. Los personajes eran estáticos, siendo completemente buenos o completamente malos. Los efectos visuales eran más espectaculares gracias a la invención de nuevas técnicas. Este teatro usaba la música para sugerir acción y se insistía en trajes auténticos a la época que era representada sobre la escena. Por primera vez, aquí se apagaban las luces del público para disminuir las distracciones.

Es importante mencionar que durante este tiempo Constantino Stanislavski (1863–1938) inventó un nuevo método de entrenar a los actores basado sobre verdaderas emociones. Enrique Ibsen (1828–1906) escribió *Una casa de muñecas*, con sus personajes complicados. Antonio Chekhov (1860–1904) dotó de un éxito fenomenal con su obra *Las tres hermanas*, donde casi nada pasa sobre la escena teatral pero todo lo interesante ocurre más allá de la escena. George Bernard Shaw (1856–1950) criticaba a la sociedad, pero con buen humor. En este tiempo desapareció la poesía de la escena para ser reemplazada por la prosa. Había vulgarismos en el diálogo.

Por muchos años, debido a que el teatro americano estaba tan lejano del teatro europeo y asiático, no había muchos cambios. Entre las primeras obras americanas presentadas fueron *The Octoroon* y *Rip Van Winkle* por Dion Boucicault (1820–1890). Eugene O'Neill (1888–1953) escribió sus obras *Anna Christie* y *Desire Under the Elms*, y en ellas estableció por primera vez un "teatro americano auténtico." Otros dramaturgos quienes forman la base del teatro americano fueron Sidney Howard (1891-1939), Maxwell Anderson (1888-1959), Robert Sherwood (1896–1955), Thornton Wilder (1897–1975), Tennessee Williams (1911–1983), y Neil Simon (1927–). Con el advenimiento de la televisión y las películas, muchas de las compañías del teatro profesional errante desaparecieron.

En nuestros días han surgido varios dramaturgos regionales con énfasis en presentar temas étnicas. Clifford Odets (1906–1963) propagó su herencia judaica en *Awake and Sing*. Lorraine Hansberry (1930–1965) atrajo mucha atención con el tema de los sufrimientos de los negros en su *Raisin in the Sun*. Luis Valdez (1940–) atentó dar vida al tema hispano con su *Zoot Suit*.

Una gran letanía de reacciones teatrales contra el realismo culminaron en el antirealismo, el cual toma su forma del teatro japonés y chino. El simbolismo es la forma teatral en que los actores personifican estados mentales o ideas socialistas. El expresionismo trata de expresar un estado emocional del protagonista sobre la escena. El surrealismo expresa el estado de sueños y pesadillas. El Absurdismo muestra lo absurdo de la vida y de las instituciones modernas. El Teatro Épico (de Bertoldo Brecht) trata del análisis

heroines from the lower classes of society. These characters were static, either completely good or completely evil. The visual effects were more spectacular thanks to new techniques. This type of theater employed music to suggest action and insisted upon costumes appropriate to the era represented upon the stage. For the first time, lights were dimmed in the audience to cut down on distractions.

It is important to mention that at this time Constantine Stanislavski (1863–1938) invented a new method for training actors based upon real emotions. Henrik Ibsen (1828–1906) wrote *A Doll's House,* with its complicated characters. Anton Chekhov (1860–1904) enjoyed phenomenal success with his *Three Sisters,* where almost nothing happens on stage and all the interesting things occur off stage. George Bernard Shaw (1856–1950) criticized society with good humor. It was during this time that poetry disappeared from the stage, to be replaced by prose. Common speech was used in dialogue.

For many years, American theater, because it was so far removed from European and Asian theater, experienced very few changes. Among the first American works presented on stage were *The Octoroon* and *Rip Van Winkle* by Dion Boucicault (1820–1890). Eugene O'Neill (1888–1953), in *Anna Christie* and *Desire Under the Elms,* established for the first time "an authentic American theater." Other playwrights who formed the basis of American theater were Sidney Howard (1891–1939), Maxwell Anderson (1888-1959), Robert Sherwood (1896–1955), Thornton Wilder (1897–1975), Tennessee Williams (1911–1983), and Neil Simon (1927–). With the advent of television and the movies, many of the professional touring theater companies died out.

More recently, various regional playwrights have surfaced with an emphasis on presenting ethnic themes. Clifford Odets (1906–1963) expounded upon his Jewish heritage with *Awake and Sing.* Lorraine Hansberry (1930–1965) attracted much attention with the theme of the sufferings of Blacks in her *Raisin in the Sun.* Luis Valdez (1940–) tried to give life to Hispanic themes in his *Zoot Suit.*

A great litany of theatrical reactions to realism culminated in the anti-realism which takes its form from both Japanese and Chinese theater. Symbolism is the form of theater in which the actors personify mental states or socialist ideas. Expressionism tries to portray the emotional state of the protagonist on stage. Surrealism expresses the state of dreams or nightmares. Absurdist theater shows the absurdity of life and of modern institutions. The Epic Theater (of Bertolt Brecht) attempts political analysis. Presentationalism is the form in which the actors speak directly to the audience.

We have touched a little on medieval theater and the dramatic forms it represents. New Mexico theater is most similar to this one since its theatrical themes are very religious and allegorical. The first theatrical works were brought to the New World by Franciscan friars. These *auto sacramentales*

político. El presentacionalismo es la forma en que los personajes hablan directamente al auditorio.

Hemos tocado un poco sobre el teatro medieval y las formas de drama que representa. El teatro nuevo mexicano se aproxima mucho a éstas siendo que los temas teatrales son sumamente religiosos y alegóricos. Las primeras obras teatrales fueron traídas de España al Nuevo Mundo por los frailes franciscanos. Estos *autos sacramentales* muchas veces oponían a los Siete Pecados Mortales (Orgullo, Ira, Gula, Pereza, Envidia, Celos, y Lujuria) en contra de las Siete Virtudes Cardinales (Humildad, Templanza, Moderación, Industria, Caridad, Fe, y Amor). En la literatura inglésa son muy semejantes a la *Comedia de Everyman* y a la *Tragedia del doctor Fausto*.

Entre las primeras hallamos una titulada *La batalla de los moros y los cristianos*. Ésta fue escrita en 1503 para conmemorar el triunfo de los españoles sobre los moros que habían ocupado la Península Ibérica desde 711 a 1492. El primer drama que tenemos por registro que se presentó en el Nuevo Mundo fue la *Comedia de Adán y Eva*. Ésta se presentó en México en 1533.

Los dramas vinieron con los primeros pobladores hispanos a Nuevo México. Eran dramas cíclicos religiosos. Los que pertenecen al ciclo del Adviento son seis: *Las cuatro apariciones de Nuestra Señora de Guadalupe* se presenta el día doce de diciembre. *Las posadas* se presenta por nueve noches desde el dieciseis hasta el veinticuatro de diciembre. *Los pastores* se presenta la Nochebuena. *Los moros y los cristianos* suele ser presentado el día de los Inocentes (el veintiocho de diciembre). El primero del año se celebra con *Los matachines*. El ciclo dramático de Adviento termina con el drama de *Los tres Reyes Magos*, el día seis de enero.

Para el ciclo de la Cuaresma, los dramas que se presentan son *Adán y Eva*, *Caín y Abel*, y *El coloquio de San José*. Estos dramas se hacen generalmente en los días antes de la Semana Santa como meditación para los fieles. *El Niño perdido y hallado en el templo* es un drama casi completamente cantado que se presenta el Domingo de Ramos. El Jueves Santo por la noche se suele presentar *El prendimiento*, en el cual Jesús es prendido en el Jardín de Getsemaní por los romanos. El Viernes Santo por la mañana se presenta *El encuentro de la Virgen María con su amado Hijo*. En esta suma representación, la Virgen vestida de luto es cargada por las Verónicas hasta encontrar a Jesús en la Calle de la Amargura. *El sermón de dos y tres caídas*, el cual suele ser presentado concurrente al *Encuentro*, halla a Jesús apoyado por los cirinéos, despidiéndose de su madre. *El sermón del descendimiento* toma lugar en la tarde del Viernes Santo y termina con el *Santo entierro* en que Jesús es bajado de la cruz y sepultado.

Hay otros ritos religiosos menores que se hacen a través del año que se acercan a los *autos sacramentales* ya mencionados. Hay, por ejemplo, *La novena de San Isidro labrador*, en la cual el santo es invocado tanto como lo

often pitted the Seven Deadly Sins (Pride, Wrath, Gluttony, Sloth, Envy, Jealousy, and Lust) against the Seven Cardinal Virtues (Humility, Temperance, Moderation, Industry, Charity, Faith, and Love). In English literature they are very similar to the *Comedy of Everyman* and the *Tragedy of Doctor Faustus*.

Among these first works we find one titled *The Battle Between the Christians and the Moors*. This one was written in 1503 to commemorate the triumph of the Spaniards over the Moors who had occupied the Iberian Peninsula between 711 and 1492. The first dramatic piece that we have on record as produced in the New World was the *Comedy of Adan and Eve*. It was presented in Mexico in 1533.

Dramas came with the first settlers to New Mexico. They were cyclic religious dramas. Those belonging to the cycle of Advent are six: *The Four Apparitions of Our Lady of Guadalupe* is presented on the twelfth of December. *No Room at the Inn* is presented for nine nights between the sixteenth and the twenty-fourth of December. *The Second Shepherd's Play* is performed on Christmas Eve. *The Battle of the Christians and the Moors* was often presented on the day of Holy Innocents (the twenty-eighth of December). The first day of the new year was celebrated with *Los Matachines*. The dramatic cycle of Advent ends with the play *The Three Wise Men*, on the sixth of January.

The plays presented during the cycle of Lent were *Adam and Eve, Cain and Abel*, and *The Colloquy of Saint Joseph*. These dramas were generally performed on the days preceding Holy Week as a meditation for the faithful. *The Child Lost and Found in the Temple* is a play almost completely sung and it is performed on Palm Sunday. On Holy Thursday evening, *The Capture* takes place, in which Jesus is seized in the Garden of Gethsemane by the Romans. On Good Friday morning *The Encounter Between the Holy Virgin with her Belovèd Son* takes place. In this summary representation, the Virgin dressed in mourning is carried by the black-veiled Veronicas until she meets Jesus on the Road of Sorrows. *The Sermon of First and Second Falls* is performed concurrent with *The Encounter*. In it, Jesus is helped by the Cirenians, bidding farewell to his mother. *The Sermon of The Descent* takes place in the afternoon of Good Friday and ends with *The Holy Burial*, in which Jesus is taken down from the cross and entombed.

There are other minor religious rites performed across the seasons of the year that approach in style the aforementioned *auto sacramentales*. There is, for example, *The Novena to Saint Isidore The Farmer*, in which the saint is invoked as are his helpers Saint Mary the Headless and Saint Agnes of the Fields. This one takes place in May. There is also *The Passion*, read in public on Palm Sunday. *The Novena to the Holy Child* is performed for nine nights before Christmas; *New Year's Mumming* is sung on the New Year's Eve; *Christmas Tidings* are sung on the Feast of the Epiphany. *Las Entriegas*, sung to mark the passage of the bride to a new family upon marrying, are also

son sus auxiliadoras Santa María de la Cabeza y Santa Inés del Campo. Ésta se hace el mes de mayo. Hay *La pasión*, que se lee en público el Domingo de Ramos. Está también *La novena del Santo Niño* que se hace por nueve días antes de la Navidad; *Los días*, que se cantan la víspera del año nuevo; y *Los aguinaldos*, que se hacen el día de la Epifanía. *Las entriegas*, que se cantan para el prendorio de los recién casados también son obras dramáticas menores donde los poetas locales muestran su habilidad improvisadora. Hay aún dramas seculares que se suelen presentar en pleno verano. Tales dramas incluyen *Los comanches* y *Los tejanos*.

Aunque todos estos dramas eran muy conocidos a los principios de este siglo, muchos quedaron olvidados a causa de asuntos exteriores. Las guerras mundiales de este siglo nos quitaron a muchos de los nuevo mexicanos que dotaban de hacer los papeles dramáticos. En las últimas dos décadas del siglo resurgieron muchos de los dramas, pero con cambios modernos.

A veces los antiguos dramas se usaban como base inspiradora para obras teatrales más modernas. *El sueño de Navidad del santero* de José Rodríguez, por ejemplo, es una variante nuevo mexicana del *Pygmalion* de George Bernard Shaw. *La pasión de Jesús Chávez* entremezcla la vida de Cristo y los problemas del chicanismo moderno. *Nuevo México, ¡Sí!*, por el mismo autor, toma su inspiración de la rica historia de nuestro pasado.

El dramaturgo Rómolo Arellano se inspira del penitentismo en su obra *Penitencia*. Usa el problema del alcoholismo en su drama *Tito* y el tema moderno del abuso esposal en la pieza *Mujerota*. La autora Denise Chávez toma su inspiración de historias verdaderas para sintetizar sus obras románticas. La vida de José Dolores López la representa en su obra *El santero de Córdova*. La vida cotidiana nuevo mexicana se ve en su pieza *Plaza*. Éstas últimas ya son dramas cuyos temas tradicionales se presentan en inglés en vez de español.

En haber tenido la dicha de preparar este texto para la presentación y producción, he estado lidiando con el problema de si quería agregarle traducción o interpretación al texto. Para ser una buena traducción todo lo que se necesita es una buena maestría de gramática. Pero para hacer una buena interpretación se necesita tener buen conocimiento de la cultura. Siendo que ya existen muchas traducciones, intenté entonces hacer una interpretación de las piezas aquí contenidas. Escogí palabras y esquemas poéticas que se emparejan a las originales para que en las partes que suelen ser cantadas, todavía se pueda guardar el mismo ritmo. Las ilustraciones incluídas aquí no son sólamente decorativas. Son dibujos para ayudarles a los directores venideros a visualizar cada escena con sus personajes en el debido puesto en ellas.

Y por fin, mi sumo intento en presentar las obras dramáticas en forma bilingüe es con la esperanza de que algún día los actores, productores, directores, y técnicos del Nuevo México futuro aprovecharán de este texto para continuar la tradición que es una vasta parte de su herencia cultural.

minor dramatic works where local poets best show their inprovisational skills. There are also secular pieces performed in the heat of summer. They include *The Comanches* and *The Texans*.

Although all of these dramas were widely known at the start of this century, many were forgotten because of external influences. The great world wars of this century took away many New Mexicans who loved to performed these ritual dramatic roles. In the last decades of this century these dramas have resurfaced, but with modern changes.

Sometimes the ancient dramas are used as the inspirational foundation for modern New Mexico theater. *The Christmas Dream of The Santero* by José Rodríguez, for example, is a New Mexico variant of *Pygmalion* by George Bernard Shaw. *The Passion of Jesús Chávez* interweaves the life of Christ and the problems of Chicanismo. *Nuevo México, ¡Sí!*, by the same author, takes its inspiration from the rich history of our past.

Playwright Rómolo Arellano found inspiration in Penitentism for his work *Penitencia*. He utilizes the theme of drunkenness in his play *Tito*, and the modern theme of spousal abuse in his piece *Mujerota*. Author Denise Chávez takes her inspiration from true stories to synthesize her romantic works. The life of José Dolores López is represented in her work *The Santero of Cordova*. The daily life of New Mexico is seen in her piece *Plaza*. These last works are dramas now presented in English rather than in Spanish.

In having had the honor of preparing this text for presentation and production, I have been wrestling with the problem of whether I wanted to add a translation or an interpretation to the text. In order to make a good translation, all that is needed is a good mastery of grammar. In order to make a good interpretation, however, one needs to have a good knowledge of the culture. Because there are already many translations, I chose then to attempt an interpretation of the pieces included herein. I chose words and poetic schemes equal to the originals so that the parts which are sung could still be sung regardless of language. The illustrations included here are not merely decorative. They are the storyboards that will help future directors visualize the individual scenes, with each of their characters properly blocked.

And finally, my only intent in presenting these dramatic works in bilingual form is the hope that someday actors, producers, directors, and technicians of future New Mexicans will take advantage of the text to continue the tradition that is such a vast part of their cultural heritage.

Las cuatro apariciones de Guadalupe

The Four Apparitions of Guadalupe

Introducción

En un cierto día del año de 1531, un pobre y humilde indio llamado Juan Diego iba a oir misa. Iba por el cerro de Tepeyac allá cerca de la Ciudad de México. Iba muy quitado de pena en ese día frío cuando de repente oyó música muy peregrina y olió perfumes deliciosos. Alzó los ojos al monte y allí vió un espectáculo maravilloso. Vió a una señora de aspecto soberano parada sobre unas antiguas ruinas. Ella lo llamó por su nombre: "¡Juan, Juan Diego! Quiero que vayas al Señor Arzobispo de Zumárraga y que le digas que aquí en este sitio me edifique un templo." El indio le respondió, "¿Cómo me han de creer este mensaje, siendo que soy de aspecto humilde?" Pero la Señora insistió y el indio se fue a cumplir con el mandado.

Tal como lo había pensado, el señor Arzobispo no lo creó. Tampoco lo creó el Padre Chico. El día próximo, Juan Diego decidió no pasar por los mismos alrededores para no encontrarse con la Señora. Fue a voltear por el otro lado del cerro. Por más que quizo escaparse, siempre se le apareció la Señora de nuevo. "Dieguito," le dijo, "¿me has echo lo que te pedí?" "Sí, Señora," Diego le contestó, "pero no me lo creyeron. Ya no me mandes, Señora." Y cuando la Señora le pidió el mismo favor por segunda vez, Juan Diego quizo echarle mil excusas por qué no podía ir. Entre las razones, que su tío Bernardino estaba muy enfermo. Siempre que para cumplirle a la Señora, se fue otra vez al palacio del Arzobispo Juan de Zumárraga.

Como antes, el Arzobispo lo recibió muy mal y Juan Diego se fue muy desconsolado para su casa. Cuando iba llegando, otra vez alcanzó a oler un perfume extraordinario. Abrió la puerta de su choza y allí halló a su tío Bernardino bueno y sano. Durante su ausencia, la Señora había venido a visitar a Bernardino y lo había arrancado de los brazos de la muerte. Ya Juan Diego quedó un poco más convencido pero siempre con temor al Arzobispo. El día próximo, tan pronto como oyó que lo llamaban, supo que era esa Señora otra vez. Esta vez ella le dijo que le llevara otro recado al señor Arzobispo: "Dile," dijo ella, "que si no se acuerda que allá en Naraza ya yo me le había aparecido en un sueño y le había prometido venir a visitarlo aquí en el Nuevo Mundo." Juan Diego se hincó delante del Arzobispo y le asustó con el recado de la Virgen. Zumárraga quedó muy inquieto pero todavía dudoso. Por fin el Arzobispo le mandó a Juan Diego que le dijera a la Señora que le mandara unas señas ciertas: "Que me envíe rosas frescas y que sean de buen olor. Así me sacará de dudas y convencido quedaré yo."

Juan Diego volvió al cerro de Tepeyac donde ya la Señora lo estaba esperando. Cuando Juan Diego le pidió a la Señora unas rosas frescas para llevarle al Arzobispo, ella lo dirigió a una lomita donde crecían con gran abundancia. Aunque la temporada era diciembre seco, la Señora la convirtió en flórido mayo. Juan Diego así las cogía y las ponía en su tilma. La Señora misma puso la última en la tilma de Juan Diego con sus propias manos.

LAS CUATRO APARICIONES DE GUADALUPE

Introduction

On a certain day in the year 1531, a poor and humble Indian named Juan Diego was on his way to hear Holy Mass. He was walking through Tepeyac Hill near Mexico City. He was walking unsuspectingly on that cold day when suddenly he heard a most sublime music and smelled a rich perfume. He raised his eyes unto the hillside where he beheld a wonderful sight. He saw a Lady of regal attire atop some ancient ruins. She called him by name: "Juan, Juan Diego! I need for you to go to the Lord Archbishop Zumárraga and tell him that he must build me a temple here upon this site." The Indian answered, "They will not believe this message since I am of humble birth." But the Lady insisted and the Indian went off to do her bidding.

Just as he had thought, the Lord Archbishop did not believe him. Neither did Padre Chico believe him. The following day, Juan Diego decided to deviate from his usual route in order to avoid meeting the Lady. He went by way of the other side of the hill. Try as he would to avoid her, she appeared to him again. "Dieguito," she said, "have you done as I asked?" "Yes, my Lady," he replied. "But they would not believe me. Please ask me no more, my Lady." When the Lady bid him return a second time, Juan Diego came up with many excuses not to. Among the reasons was that his Uncle Bernardino was ill. In the end, however, in order to please the Lady, he went again to the palace of the Archbishop Juan de Zumárraga.

Just as before, the Archbishop received Juan Diego coldly and he was sent away disappointed. As he was nearing his home, he once again smelled the wonderful perfume. He opened the door to his hut and found his Uncle Bernardino alive and well. During his absence the Lady had come to visit Bernardino and had wrested him from the arms of death. Juan Diego was a bit more convinced but he still feared the Archbishop. The following day, as soon as he heard his name called, he knew that it was the Lady again. She now told him to take a different message to the Archbishop: "Ask him," said she, "if he recalls that while he was still in Naraza I appeared to him in a dream and promised that I would come to visit him here in the New World." Juan Diego kneeled in front of the Archbishop and astonished him with this message from the Lady. The Archbishop was puzzled but still doubtful. Finally he asked that the Lady send him irrefutable proof: "Let her send me fresh roses of the sweetest perfume. Thus she may end my doubting and I will be convinced."

Juan Diego returned to Tepeyac where the Lady was waiting for him. When Juan Diego asked her for the roses to take to the Archbishop, she bid him climb the hillock where they grew in great profusion. Although the season was marked by dry December, the Lady had turned it into flowery May. Juan Diego gathered them into his cloak. The Lady herself placed the last rose in his cloak with her own hands. Juan Diego was still far from the palace

Todavía venía Juan Diego lejos del palacio cuando lo alcanzaron a ver el Arzobispo, el padre, y los dos pajes. Fue llevado inmediatamente al cuarto del Arzobispo. "Señor," comenzó Juan Diego, "aquí vine a probarte que no soy mentiroso ni perro chuchumeco." "Echa esas flores aquí y quedaré desengañado," mandó el Arzobispo. Cuando Juan Diego dejó caer las flores de su tilma, algo milagroso había pasado: Los colores de las rosas se habían sumido en la tilma blanca del indio, revelando por imagen a la Señora de Guadalupe. Se dejó caer de rodillas el Arzobispo proclamando: "¡Milagro de milagros! Adórote María Santísima, Madre del Dios Soberano. Ahora me resta pediros, pues por tanta dicha que he logrado, que se acabe la herejía en este reino mexicano. Que la Cristiandad se aumente y que tu Hijo sea adorado." Después, se postró a las plantas del indio Juan Diego y le dijo: "Y tú, indio dichoso, eres trono y colateral sagrado. De tus hombros pende el tesoro más sagrado que en el cielo y en la tierra jamás se ha hallado." Después el Arzobispo colocó la imagen de Nuestra Señora de Guadalupe en una capilla hasta que por fin logró edificarle un templo. Ahora es la Basílica de Guadalupe en México.

La gran catedral de Guadalupe es una de las más bonitas en el mundo. Es bonita no tanto por el edificio mismo, sino por la fe de la gente que la visita. Si miramos la palabra "Guadalupe," nos daremos cuenta que en el idioma de los indios significa "aguas escondidas." Debajo de la segunda catedral se halla una noria de aguas refrescantes. Hace unos pocos años, unos hombres científicos querían hacer el análisis de la tilma de Guadalupe y la examinaron debajo de microscopios para ver si habían poros en la piel de la Virgen. Retrataron la cara de la Virgen y la magnificaron para investigarla. De repente vieron algo inesperado. Sin darse cuenta, habían capturado el ojo derecho de la Virgen en la foto. Cuando lo vieron magnificado, se dieron cuenta de que en el mero ojo de la Virgen se hallaba la imagen completa de Juan Diego postrado de perfil como la Virgen misma lo hubiera visto. Este secreto no se había descubierto en arriba de cuatrocientos años en que la tilma estaba expuesta. Para los que no creen, ninguna explicación es posible. Para los que sí creen, ninguna explicación es necesaria.

La Virgen de Guadalupe, como es pintada por los retablistas, tiene aspectos muy conocidos. Primeramente, está parada sobre la luna creciente. La luna creciente era símbolo de los moros que habían conquistado España. Ahora, la Virgen se muestra como conquistadora de ambos moros y cristianos. También tiene facciones de india mexicana. Así se revela como patrona del Nuevo Mundo también. Después, a la tilma se le agregaron un angelito, estrellas, y rayos para que la imagen se emparejara con la descripción de la Virgen en el Libro del Apocalipsis.

Al leer el manuscrito se han de dar cuenta de que el indio habla un español muy torpe y a veces incorrecto. El dramaturgo sin duda lo hizo para tratar de imitar verosimilitud en el caló que usaban los primeros hispanoparlantes

when he was seen by the Archbishop, the priest, and the two pages. He was taken immediately before the Archbishop. He said, "My Lord, I have come to show you that I'm not a liar nor a Chuchumecan dog." "Drop those flowers here and I shall be convinced," ordered the Archbishop. When Juan Diego let the flowers fall from his cloak, something miraculous had occurred: The colors of the roses had seeped into the Indian's white cloak, revealing her very image as the Lady of Guadalupe. The Archbishop fell to his knees exclaiming: "Miracle of miracles! I fall before thee, Holy Mary, Mother of the Most Sovereign God. I implore thee, by the graces that I've received, that all heresy in Mexico may come to an end. May Christianity increase and may your Son be adored." He then prostrated himself at the feet of Juan Diego saying: "And you, happy Juan Diego, are both throne and holy equal since from your shoulders hangs the most sacred treasure ever seen on Heaven or Earth." Thereafter, the Archbishop hung the holy image of Our Lady of Guadalupe in a chapel until an appropriate temple could be built to house it. It is now the Basilica of Guadalupe in Mexico.

The great Cathedral of Guadalupe is one of the most beautiful on earth. What makes it beautiful, though, is not so much the architecture as the faith of the people who visit it. If we examine the word "Guadalupe," we will find that in the language of the Indians it means "hidden waters." Underneath the second cathedral there is a well of refreshing water. A few years ago some scientists tried to analyze the authenticity of the image of Guadalupe on the cloak by examining it under microscopes to see if there were pores on the Virgin's skin. They photographed the face of the Virgin and magnified it in order to investigate it. Suddenly, they saw something unexpected: Without realizing it, they had captured the right eye of the Virgin in the photograph. When it was magnified, they found that inside the Virgin's eye was a complete portrait of Juan Diego as the Virgin herself would have seen him as he knelt before her. This secret had remained unrevealed throughout the more than four hundred years that the cloak had been exposed. For those who don't believe, no explanation is possible. For those who believe, no explanation is necessary.

The Virgin of Guadalupe, as she is depicted by those versed in sacred imagery, is well recognized by her attributes. First of all, she is standing upon the crescent moon. The crescent moon was the symbol of the Moors who had conquered Spain. By this, the Virgin is shown to be triumphant over both Christians and Moors. She also has the facial features of a Mexican Indian maid. Thus she reveals herself to be Patroness of the New World as well. Later on, an angel, stars, and a sunburst were added to the cloak in order to make the image of the Lady coincide with the description given to her in the Book of the Apocalypse.

Upon reading the manuscript, some may perhaps notice that the Indian's speech in Spanish is very crude and sometimes incorrect. The playwright

entre los indígenas. Entonces, Mark Twain no fue el primero que trató de capturar el idioma hablado por los que lo aprenden como lengua extranjera.

La Fiesta de Nuestra Señora de Guadalupe se celebra el día doce de diciembre. Entre los mexicanos es una de las fiestas más sagradas del año.

El manuscrito presentado en este texto fue redactado y presentado por La Compañía de La Santísima Trinidad en Arroyo Seco, Nuevo México, por primera vez en 1985. Forma parte de doce comedias de moralidad, milagro, y misterio que trajeron los primeros pobladores a Nuevo México. Aquí se presenta en forma bilingüe para que las generaciones futuras sepan la bonita historia que es parte de su herencia.

no doubt was attempting to replicate authenticity in the dialect of natives trying to speak Spanish as a secondary language. It was not Mark Twain, therefore, who first attempted to capture the idiom as spoken in local jargon in the Americas.

The Feast of Our Lady of Guadalupe is celebrated on the twelfth of December. Among the Mexicans, this is one of the greatest feast days of the year.

The manuscript presented in this text was edited and performed by La Compañía de La Santísima Trinidad in Arroyo Seco, New Mexico, for the first time in 1985. It is but one of the dozen morality, miracle, and mystery plays that the early settlers brought to New Mexico. Here it is presented in bilingual form so that future generations may know of this beautiful story that is such a part of their heritage.

Las Cuatro Apariciones de Guadalupe	The Four Apparitions of Guadalupe
Música 1: Ave María Stella	*Score 1: Ave Maria Stella*

ESCENA 1	SCENE 1
JUAN DIEGO:	**JUAN DIEGO:**
Aunque tarde he salido De mi pueblo, Voy en el nombre de Dios, A enseñar la doctrina, Que el camino es largo, Y María con su pureza me valga.	Although late into the morning, I had left my village fair, Forth to teach my catechism, Through this road so long with wear, In the name of Mother Mary, Go I now without despair.
Música 2: Ave María Stella	*Score 2: Ave Maria Stella*
JUAN DIEGO:	**JUAN DIEGO:**
¿Qué es esto? ¡Qué ruido tan soberano! ¿Dónde está? No lo percibo.	What are these sublime sensations; Sovereign sounds which here abound? I cannot perceive their origin, Though they speak here all around.
VIRGEN:	**VIRGIN:**
Aquí estoy, Juan.	I am here, Juan.
JUAN DIEGO:	**JUAN DIEGO:**
Ahora es peor mi confusión. Que hasta mi nombre han llamado. ¿Quién puede ser que me llama, En esto tan solitario?	My confusion grows unceasing, As I wander through this space. Who bespoke my name so clearly, In this solitary place?
VIRGEN:	**VIRGIN:**
Soy yo, Juan, ¿Qué no me ves?	It was I who called you hither, Can't you see me, full of grace?

JUAN DIEGO:

Allí lo anda una luz muy soberana.
Quizá será alguna parida,
Que se lo vino de México.
Mas, llegaré a saludarla,
Pues es linda como el cielo.
Tente quinquí.
Díme, ¿qué andas haciendo,

Tan temprano en este monte?

JUAN DIEGO:

I can see a light most sovereign,
'Round yon Indian maid on Earth,
I divine she wandered hither,
From the city, to give birth.
I will pause and go to greet her,
For she's lovely as the sky.
Be well met, but speak thou
    wherefore,
Dost thou climb so very high?

VIRGEN:

A ti te busco, Juan Diego.
Llega a mí pues, hijo amado.
Ya sé que a México vas.
Quiero que vayas al obispado,
Y le digas al arzobispo
Que en este lugar te he hablado.
Le dirás cómo soy;
La señas que me has mirado.
Y que en este sitio quiero
Que se me fabrique un templo,
Que he de venir a visitar
A este reino mexicano.
A proteger a sus moradores,
Y a los que buscan mi amparo.
Y así, véte ya, hijo mío,
No tienes que estar dudando,

VIRGIN:

It is you I seek, Juan Diego.
Please approach, belovèd son,
Though you stumble toward the city,
Your true journey's just begun.
You must seek the old archbishop,
In his palace rich and clean,
To report this apparition,
And the signs that you have seen.
You must speak of my volition,
That a temple be erect,
In this kingdom which I'll visit,
This dear Mexico elect.
I will be a source of refuge,
To all dwellers here who seek,
My divinest intercession.
Do not doubt that which I speak.

Que me tienes a mí,
Y me tendrás a tu lado.

JUAN DIEGO:

¡Alabado sea mi Señor,

Y, ¿por qué, cosa tan buena,
Te quieres venir aquí,

En esto tan solitario?

VIRGEN:

Porque ésta es la propia morada
De los indios y quiero vivir entre ellos.

JUAN DIEGO:

Cuán mucho te lo agradezco,
Pero, Señora Madre,
Siento mucho el que no pueda,
Porque Señor Arzobispo me dirá,
Que soy un mentiroso,
Y que no le ande con cuentos.
Me pondrá la picota,
Y me dará los doscientos.

VIRGEN:

Anda, hijo mío,
Haz lo que yo te mando.
Yo he de ser
Amparo vuestro.

JUAN DIEGO:

¡Qué suave! Pero Madre mía, tú lo
Andas volando y llegarás más presto,
A ver a Señor Arzobispo.
-Yo, en verdad, tengo miedo.

VIRGEN:

No temas, que con mi auxilio,
En todo tendrás acierto.
Vé y cuenta lo que te pasó,
Y vuelve aquí. Te espero.

For behold, I'm with you always,
At your side, so pure and meek.

JUAN DIEGO:

Praised be God, my Lord and
    Savior!
But please tell me, if you will,
Why you wish to come and dwell
    here,
On this solitary hill?

VIRGIN:

'Tis the Indians' own true homeland,
Where my promise, I'll fulfill.

JUAN DIEGO:

Dearest Mother, I'm most grateful,
But I fear that I cannot,
To the great archbishop tell it,
This your plan, for this lone spot.
He'll just say that I'm a liar,
That I'm but an Indian dog,
And he'll strike two hundred lashes,
On my back, with his dread flog.

VIRGIN:

Do not linger, child belovèd,
Do not tarry for great length.
In this mission I will help you.
I will be your source of strength.

JUAN DIEGO:

That is good to know, Fair Mother,
But since angels guide your flight,
You could reach the bishop faster,
-For in truth, he gives me fright.

VIRGIN:

Do not fear, for with my succour,
This, your mission, will be great.
Hie thee now, then hurry back here.
Your arrival I'll await.

JUAN DIEGO:

Pues, voy camino corriendo.
¡Quédate aquí con tu música!
¡Estate divertida!
¡No te espines! ¡Hasta luego!

VIRGEN:

Mi Hijo que te ilumine,
Y guíe tus pasos.

Música 3: Ave María Stella

Escena 2

JUAN DIEGO:

¡Qué cosas de Nana Virgen!
¿Cómo quedrá que en el cerro
Le fabriquen un capilla?
No es lo peor eso:
Cuando al arzobispo le diga,
"Vengo a verte para que le hagas
Un capilla a una Virgen que me
    habló
Allá en Tepeyac subiendo."
Él me dirá, "¿Cómo lo es?"
Yo le diré, "¡Como un lucero!"
Tiene el sol, tiene la luna,
Y hasta un muchachito tiene."
Pero, ¿cuándo me lo ha de creer a mí?
Dirá que soy uno indio necio.
Ea, Virgen, ya voy llegando.
Te rezaré uno Padre Nuestro,
Para que me saques con bien.
Aquí empieza la carabana.

JUAN DIEGO:

With all speed I'll start my mission,
With your music you can stay!
Don't get bored or step on cactus!
I'll be back soon as I say.

VIRGIN:

May my Son light up your darkness,
Guide your steps along the way.

Score 3: Ave Maria Stella

Scene 2

JUAN DIEGO:

Such a task to set before me,
My dear Virgin needs a church.
Way up here upon the hillside,
Like a bird upon its perch.
But that's not what I am fearing;
'Tis the great archbishop's eye,
When I say, "I need a temple,

For a Virgin from the sky."
He will ask for a description,
I will say, "A morning star,
With the sun and moon about her,
And an angel from afar!"
But will he believe this marvel,
Of my Tepeyacan maid?
He will say that I am stupid,
But, dear Virgin, with your aid,
I will pray a quick Our Father,
Then begin this dread charade.

Escena 3

JUAN DIEGO:

¡Buenos días le dé Dios,

Su Reverencia!

PADRE CHICO:

Bueno es, Juan.
¿Qué andas haciendo? ¿Nada?

JUAN DIEGO:

Lo mismo que lo pensé.
Bien, ¿Cómo le va a usted?

PADRE CHICO:

No te quedes nomás parado allí.

¿Qué se te ofrece?

JUAN DIEGO:

Yo se lo dije a Nana Virgen,
Que había de perder el tiempo,
Y no me lo habían de creer.

PADRE CHICO:

¿Qué Virgen?

JUAN DIEGO:

La del cerro. Una que me hallé
Esta mañana, más hermosa
Que un lucero. Y me dijo que venía

A vivir en compañía nuestra.

PADRE CHICO:

¡Quítate de mi presencia,

Indio, brujo, hechicero!

Scene 3

JUAN DIEGO:

May God grant Your Reverence
blessings,
On this day so nice and bright.

PADRE CHICO:

'Tis a morning, Juan, like others,
Which you fritter with delight.

JUAN DIEGO:

'Tis the same as I was dreading!
But, how do you do, my lord?

PADRE CHICO:

Tell me Juan, what you need from
me,
Don't just stand there stiff and
bored.

JUAN DIEGO:

It's just like I told the Virgin,
'Tis a waste of time for me,
Since no one here will believe
me,

PADRE CHICO:

But what Virgin did you see?

JUAN DIEGO:

A fair maid upon the hillside,
Who shines brighter than a star,
And who said she'd come to live
here,
In this desert where we are.

PADRE CHICO:

Get thee hence here from my
presence,
'Twas enchantment that you found!

¿Qué Virgen te había de hablar a ti,
Perro chuchumeco?

JUAN DIEGO:

Mira Señor, te lo juro.

PADRE CHICO:

¿Qué juramiento es ése?

JUAN DIEGO:

De mi padre, de mi madre,
De mis abuelitos, y hermanitos.

PADRE CHICO:

Ya te puedes ir mudando
Con tus soflamas y cuentos,
Porque si mi amo lo sabe,
Te mandará dar los doscientos.

JUAN DIEGO:

Ya yo tenía noticia
Desde allá desde lo cerro.
Pero, antes que me los den,
Voy para estufa.
Su mano, su Reverencia.

Me alegro que esté bien.

For no Virgin stood before thee,
Lying, Chuchumecan hound!

JUAN DIEGO:

But I swear to thee, your lordship.

PADRE CHICO:

And what oath is that you spin?

JUAN DIEGO:

One that's used by both my parents,
By grandparents and by kin.

PADRE CHICO:

Get thee hence, I say most sternly,
With your lies and your tall tales,
For if lord archbishop hears them,
He will tan your hide with flails.

JUAN DIEGO:

It is just as I suspected,
On the hilly plot of land.
But I'll flee back to the mountains,
'Ere my hide they try to brand.
By your leave, most worthy
    Reverence,
As I kiss your lily hand.

PADRE CHICO:

Voy a darle cuenta a mi amo,
Del cuento de este necio.

PADRE CHICO:

I will go report this vision
And this fool to reprimand.

Escena 4

Scene 4

PADRE CHICO:

Ilustrísimo Señor, ha venido aquí
Un indio, Juan Diego, que es el más
Sencillo de todos los de este pueblo,
El cual me da una razón.
Dice que allá en Tepeyac subiendo,
Una Virgen le ha hablado al ir
Amaneciendo. Él dice que ella lo envió
Aquí a este palacio vuestro.

PADRE CHICO:

Most Illustrious Archbishop,
Young Juan Diego came to me,
And this Indian's on a mission,
Which he tells on bended knee.
Tepeyac, where he was climbing,
Is the spot where he did see,
A most pure and holy Virgin,
Who has sent him here to thee.

ARZOBISPO:

¿Y dónde está el indio,
Todo tembloroso?

ARCHBISHOP:

Where is this most rustic Indian,
In his holy misery?

PADRE CHICO:

Se fue, Señor.
Yo lo despaché
Temiendo molestar a su Ilustrísima
Por lo rústico que tiene su voz.

PADRE CHICO:

With dispatch I sent him running
As it was my humble choice,
Knowing that my lord gets angry,
When he hears his raspy voice.

ARZOBISPO:

Más me amohina el que no me avisaras
De él para haberle dado entrada,
Y haberle oído por extenso
Lo que trae en su embajada.
Id pronto y buscadlo y luego,
Traedlo a mi presencia.

PADRE CHICO:

Sí, Señor.

ARCHBISHOP:

It is you who irritates me,
Since you sent him far away,
'Ere I chanced to pause and listen,
To the tale he had to say.
Hie thee now and seek the Indian,
And then bring him back today.

PADRE CHICO:

Yes, my lord.

Escena 5

Scene 5

JUAN DIEGO:

¿Por dónde me iré que con
La Virgen no me encuentre?
Ella dice que allí me espera,
Y yo, por aquí voy corriendo.

Música 4: Ave María Stella

JUAN DIEGO:

Mas, ya otra vez viene,
Este Virgen soberana.
¡Cielos, aquí estás,
Hermoso lucero!

JUAN DIEGO:

Oh, but whither should I hide me,
To avoid the Virgin's gaze,
Since she waits on my arrival,
In her fiery, holy blaze?

Score 4: Ave María Stella

JUAN DIEGO:

My sweet heavens, she is coming,
This most sovereign Indian maid,
Here you are, my fairest sunshine,
Far away from where you stayed.

VIRGEN:

¿Cómo te fue,
Hijo Juan Diego?

JUAN DIEGO:

Lo mismo que lo pensé:
Me lo dijieron,-'Chicero.
Y no me lo dejaron ver,
Al Arzobispo Ilustrísimo,
Porque no me lo creyeron.
Pero, ¡escapé los doscientos!
Mira Señora,
Es mejor que lo haga tu mensajero,
Uno gauchupín y no yo.
O si no, anda tú,
Porque con eso verán lo bonita que eres

Y luego ya te lo van creyendo.

VIRGEN:

Tú, hijo, has de hacer
En este asunto mi empeño.
Vuelve y no tengas miedo.

JUAN DIEGO:

¡Oh Virgen!
No des en eso.
Si ya una vez me escapé.

VIRGEN:

Anda, y no tengas miedo.

JUAN DIEGO:

Pues, yo no soy caballero.

VIRGEN:

Pero allá en el palacio te buscan. Vuelve,
Que has de hablar con el arzobispo.

VIRGIN:

Tell me how it went, Juan Diego,
Was your mission not betrayed?

JUAN DIEGO:

It went just as I had thought it,
For they called me vile names,
And I didn't see his lordship,
And he heard none of my claims.
They would not believe my story,
But I fled from flogging dread!
Why not send your little angel,
Your sweet messenger instead?
Or perhaps you'd send a Spaniard,
Or you could go flying there,
And they'll see your dark
    complexion,
And believe what you declare.

VIRGIN:

You my son, on this occasion,
Are more than a worthy squire,
Have no fear for I am with you.

JUAN DIEGO:

But dear Virgin, I desire
Not to go near that bright palace,
Nor to go through trial by fire.

VIRGIN:

Do not be afraid to hasten.

JUAN DIEGO:

But I'm not of noble rank.

VIRGIN:

But they seek you in the palace,
Where you'll speak both bold and
    frank.

JUAN DIEGO:

¡Vamos los dos!
Falta que entonces crean.

VIRGEN:

Yo quedaré esperando tu venida.
Camina y ven pronto.

Música 5: Ave María Stella

JUAN DIEGO:

But we could both go together,
Better two heads there than one.

VIRGIN:

I will wait for your return here,
Now do battle, for 'tis won.

Score 5: Ave María Stella

Escena 6

Scene 6

JUAN DIEGO:

¡Ya me voy! ¡Válgame Dios!
Ahora llevo más miedo,
Porque dirá el Padre Chico
Que soy un indio necio,
Que ya una vez me lo dijo
Que no anduviera con cuentos.
Pero espero en Nana Virgen,
Que ahora me ha de ir más bien.

PADRE CHICO:

¡Juan, Juan! ¿Dónde andabas?

JUAN DIEGO:

By your leave, then, will I hurry,
Gracious God, but sore afraid.
For by Father Chico's glances,
I am sure I was betrayed.
He will say that I am simple,
That I should not tell these lies,
But I trust in Mother Mary,
All will go as I surmise.

PADRE CHICO:

I was seeking you, Juan Diego.

JUAN DIEGO:

En el cerro,
Fui a contarle a Nana Virgen
Que me lo dijiste,-'Chicero.

PADRE CHICO:

¿Y la volviste a ver?

JUAN DIEGO:

Lo mismo que un lucero.
Y me volvió a decir
Que lo volviera con lo empeño.

PADRE CHICO:

Pues, espérate aquí un poco.
Voy a avisarle al obispo.

JUAN DIEGO:

Está muy bien, Señor mío.
Aquí me quedo aguardando.

PADRE CHICO:

Ilustrísimo Señor,
Aquí está el indio.

JUAN DIEGO:

-And for that, bear I the blames?
On the mount I told the Virgin,
That you called me vile names.

PADRE CHICO:

Speak again, then, if you saw her.

JUAN DIEGO:

Just as bright as was before,
And she sent me with the message,
Which I bring to you once more.

PADRE CHICO:

Please wait here until I tell it
To the bishop as before.

JUAN DIEGO:

Very well, my lord, I'll wait here,
Standing by the open door.

PADRE CHICO:

Most Illustrious Archbishop,
The young Indian's standing there.

ARZOBISPO:

¿Qué se te ofrece?
¿Quién aquí os ha enviado?

JUAN DIEGO:

A vos, Ilustrísimo Señor,

Bendiga Dios Soberano.

ARZOBISPO:

Levántate y di quién eres,
Y quién aquí os ha enviado.

JUAN DIEGO:

Un pobre indio soy.
Juan Diego también me llamo.
Esta mañana saliendo de mi pueblo,
Allí me lo he encontrado con una
Señora linda, de aspecto muy soberano,
Con una corona puesta.
Su vestido es lo encarnado de estrellas,
Muy lucido lo tiene todo sembrado.
Trae un manto que la cubre,
Al cielo muy asemejado.
La luna tiene a sus pies y un rayo
Que parece que es el sol,
Que no se puede mirarlo.
Y también tiene uno serafín,
Que a sus pies está mirando,
Y esta Señora me dijo que trajera
Un recado y que te diera sus señas,
Que son las que os aquí he dado.
Para que en el mismo sitio
Le hagas un templo sagrado.

ARZOBISPO:

Dime, Juan Diego,
¿Tú, antes a esa Señora habías mirado?

JUAN DIEGO:

No Señor, nunca la he visto antes,
Y menos sé dónde habita.

ARCHBISHOP:

Tell me why you came; who sent you,
Why you stand before my chair.

JUAN DIEGO:

May God grant my Lord Arch-
    bishop
Many blessings on this day.

ARCHBISHOP:

Just arise and tell who sent you,
And state what you have to say.

JUAN DIEGO:

I am just a lowly Indian.
By Juan Diego I am known.
When I left my home this morning
Through the hillsides all alone,
I did meet a sovereign lady,
With a crown which brightly shone.
Her pink robe was all bespangled,
And with brilliant stars besown.
And the mantle that surrounds her
Looks just like the evening skies.
For the moon is at her footsteps,
And the sun behind her shines.
It was hard to gaze upon her,
And the angel who attends,
Looking up at her and listening
To the message that she sends.
For the lady sent these portents,
Which I bring before your sight,
So that you may build a temple
On that lonesome, little site.

ARCHBISHOP:

Tell me now, Juan Diego, clearly,
Had you seen this lass before?

JUAN DIEGO:

No, my lord, I'd never seen her,
And where she dwells I ignore.

ARZOBISPO:

¿En qué paraje tú la viste?
O, ¿dónde tú la has encontrado?

JUAN DIEGO:

Así, a un lado del cerro,
Donde están unos peñascos.
¡En el aire yo la vi, Tata!
Y oí un ruido soberano,
Tan hermoso para el oído,
Que creo del cielo fue enviado.

ARZOBISPO:

¿Es en extremo hermosa, hijo?

JUAN DIEGO:

Con que me quedé asombrado.
Al mirar tanta hermosura.
Que no hallo con qué compararlo.

ARZOBISPO:

Y ese serafín que tú dices,
¿Cómo lo viste, indio?

JUAN DIEGO:

En esta forma, mira Tata,
Está con los hombros poco levantados,
Y el cuerpo de la Señora,
Lo trae en ellos cargado.

ARZOBISPO:

Pues, ¿esa hermosa, quién es?
Tú no me lo has declarado, indio.

JUAN DIEGO:

Yo sospecho, Señor mío,
Según lo que reparo,
Será la Madre de Dios.

Si es que en aquesto
No me he engañado.
¡Mira, mira, mira,
Parece que lo ha dudado!

ARCHBISHOP:

But do tell me where you saw her,
And about where you two met.

JUAN DIEGO:

It was on a little hillock,
Near to where some crags project.
In the very air she hovered,
With fair music that was spent,
On my ears it fell so lovely,
I am sure 'twas heaven sent.

ARCHBISHOP:

And my son, she is so lovely?

JUAN DIEGO:

That I could not help but stare.
She's of such a grace and beauty
That there's nothing to compare.

ARCHBISHOP:

And that little seraph angel,
Tell me, Indian, how is he?

JUAN DIEGO:

In this posture, dearest father,
With his shoulders up like me,
And the full weight of the lady,
He does bear forth solemnly.

ARCHBISHOP:

But you haven't told me, Indian,
Who this lady might well be.

JUAN DIEGO:

I do now suspect, your worship,
From all that I've gleaned firsthand,
That she might be God's own
    mother,
Who now visits in our land.
But if I am not mistaken,
I perceived a hidden smile,
Do you ask this but to mock me,

Yo así he hablado, Señor mío,
Y me lo habéis avergonzado.

Pues Señor, yo ya cumplí
Con el daros este recado.
Ahora todo está en usted.

ARZOBISPO:

Pues, anda hijo y cuando la veas,
Le dices que la he escuchado,
Y que está muy bien;
Que se hará como lo tiene mandado.

JUAN DIEGO:

Está bien, Señor mío.

Dios os quede acompañado.

ARZOBISPO:

Y Él te guíe por buen camino,
Y te gobierne tus pasos.
¿Qué será lo que éste ha visto,
O lo que ha mirado?
No puedo creer prontamente
Lo que el indio me ha hablado.

PADRE CHICO:

Puede ser una ilusión
Que él haya imaginado,
O algún abuso también.
Que creyendo habrá estado.
Porque estos indios, Señor,

De incrédulos han pasado
Y adoraciones les dan
A algunos ídolos falsos.
O, ¿quién sabe qué será

Lo que este indio habrá mirado?
No se le puede creer todo
Lo que aquí nos ha hablado.

As you're laughing all the while?
You have shamed me while I've
    spoken,
But I've kept my promise true,
For I've given you her message,
Now I'll leave it up to you.

ARCHBISHOP:

You can go back now, my infant,
You have said all that I've heard,
Tell her I'll comply most promptly
With this message so absurd.

JUAN DIEGO:

May God's peace be with you,
    father,
I will take you at your word.

ARCHBISHOP:

May the Lord light up your pathway,
That your step be not deterred.
What is this that he has witnessed?
I do feel forebodings dread.
I cannot accept sincerely
All this Indian has just said.

PADRE CHICO:

It could well be an illusion,
Which his mind has conjured by,
Or else he could be mistaken,
And deceived by his own lie.
For these Indians here, your
    worship,
Are an unbelieving lot,
And still worship idols falsely,
Despite all that we have taught.
Still, who knows what he has
    witnessed?
We can wholly not believe
All that he has told us present,
In his efforts to deceive.

ARZOBISPO:

En todo dices muy bien,
Pero me deja asombrado
La entereza con que él habla,
Y las señas que me ha dado.
Pues, en cuanto le pregunté,
En todo muy bien me ha hablado,
Y en nada noté yo

Que hubiera en algo equivocado.
Ya retirarme es preciso.

ARCHBISHOP:

You are probably correct here,
Yet, by this I'm still perplexed:
By the Indian's honest answers,
And the signs he brought me next.
For in all that I have asked him,
True to form he boldy spake,
For in him there's naught that's
    lacking,
Nor that's guilty of mistake.
I'd best retire now.

Escena 7

Scene 7

JUAN DIEGO:

¿Cómo me ha de creer a mí?
Yo bien lo estoy contemplando,
Y mi Señora me dirá
Que no hice lo que me ha mandado.
Yo quisiera siempre servirle
Y estarle agradando,
Pero ya me voy al sitio
Donde la Señora he encontrado.
La esperaré y le diré
Todo lo que me ha pasado.

JUAN DIEGO:

Why should he at all believe me?
'Tis a fearful mental task,
And My Lady will be saying
I did not do as she asked.
I should like to serve her always,
And to please her every way,
So I'll go back to the hillside,
Where I saw the Lady stay.
I will say all that transpired,
Get there first without delay.

Música 6: Ave María Stella

Score 6: Ave María Stella

VIRGEN:

No vayas hasta allá, Juan,
Que aquí te estoy aguardando.

VIRGIN:

There's no need to hasten farther,
For I'm waiting here today.

JUAN DIEGO:

Oh Señora y Madre mía,
Ya hice lo que me has mandado,
Mas, su Ilustrísima, pienso,
Lo quedó todo dudando,
Porque noté, Madre mía,
Que me hizo poco caso.

JUAN DIEGO:

Dearest Lady; Holy Mother,
I have done as you ordained;
But I think the great archbishop,
My report has full disdained,
For I noticed, Dearest Mother,
That to hear, he barely deigned.

Dirán que soy un tonto,
Y que todo es mentira.
Nonanche, mucho te amo,
Y servirte yo quisiera,
Pero podrías mandar a otro
Para que te crean tu recado.
Con eso, Señor Arzobispo
Verá que no lo he engañado.

VIRGEN:

Aunque otro para ir hubiera,
Yo en ti este secreto he confiado.
Con mi poder inmenso
Un ángel podría enviar,
Mas, tú solamente has de ir.
Pues, conviene así, hijo amado,
Y sin más dilación
Volverás al obispado,
Porque eres de mi agrado
Y te estimo mucho.
Yo te tengo a ti señalado
Para un portentoso milagro.
Haz Juan, lo que yo te mando,
Que aunque el arzobispo lo dude,
No te dé ningún cuidado,
Que yo lo haré que te crea.

JUAN DIEGO:

Por obedecer, Señora,
Vuestro supremo mandado,
Volveré a ver al arzobispo.
Pues el servirte, Señora,
Con el alma y vida lo hago.
Voy corriendo pues, Madre mía.

VIRGEN:

Y yo, Juan,
Voy en tu compañía.

They must think that I'm so stupid,
That it's all a great big lie.
But Nonanche, I do love you,
And would serve you 'til I die.
And you could send forth another,
That your message they'd receive.
And with that the great archbishop
Might begin then to believe.

VIRGIN:

Although I could send another,
It is you alone I trust.
With my power I could send forth,
A great angel in a gust.
But it's you alone who's worthy,
And to this you must agree,
And return without abiding,
To the bishop's company.
Because you so much do please me,
I esteem and honor you.
You alone I have selected,
For a miracle to do.
You must do Juan, as I'm bidding,
For although the bishop doubts,
I'll make sure that he believes you,
And surrenders to your bouts.

JUAN DIEGO:

I obey, Most Worthy Lady,
Your supreme and just demand.
I'll return to see the bishop,
Since your wish is my command.
With my whole soul I will do it,
I'll go running, as you'll see.

VIRGIN:

And I, Juan, am going with you,
Forth to bear you company.

Escena 8	Scene 8

ARZOBISPO:

(Hablando a sus dos pajes)

Con grandísima inquietud
Toda la noche he pasado,
Y entre varios pensamientos,
Del indio no me he olvidado.
Y hoy, sin duda, lo espero.
Esa Señora que él dice
Nos trae en gran cuidado,
Y entre varios pensamientos
Con que he estado batallando,
Me vino esto a la memoria
Y quiero así ejecutarlo:
Que, sin que el indio lo sepa,
Ustedes dos vayan espiando
A ver con quién platica,
Adónde va, o lo que él mira.

ARCHBISHOP:

(Speaking to his two pages)

I have spent a night most restless,
Trying vainly to forget,
But among my many nightmares,
The young Indian's with me yet.
But, no doubt, today he'll come here,
And he'll tell us, I'm afraid,
Of that Lady on the mountain;
Of his Tepeyacan maid.
But among the schemes I'm forming,
I have come up with this plan:
But I need you both to help me,
To entrap this lowly man.
You will follow him discreetly,
Track him surely to his queen,
And discover where he goes now,

Y mirando con gran cuidado
En los montes en que él
se ha entrado,
Y luego que esto vean,
Vengan muy pronto a avisármelo.
Es necesario grande amor,
Y grande recate también, para imponer
A esta gente en acciones de cristianos.
Mas, Dios alumbrará mi entendimiento
Para ir en todo acertado.

PADRE CHICO:

El indio que vino anteayer, Señor,
Otra vez ha vuelto y trae otro recado,
Y con vos desea hablar.

ARZOBISPO:

¿Nos dice otra cosa?

PADRE CHICO:

Nada más, Señor, porque aunque le he

Preguntado, ninguna cosa ha respondido.

ARZOBISPO:

Pues, anda a decirle que venga.
¿Qué será lo que éste ha visto
Metido en sus cerros?
¿Será alguna ilusión
O algún abuso
Que creyendo habrá estado?
Mas, veremos lo que dice,
O lo que va a producir.

PADRE CHICO:

Vamos Juan, entra conmigo.

JUAN DIEGO:

Después de usted, Señor mío.
Ilustrísimo Señor,
Muy buenos días os dé el cielo.

And the things that he has seen,
What there lurks
upon his mountain,
And as soon as you've found out,
You will come back here and tell me,
What this rumor's all about.
A great love is necessary,
But great discipline is too,
To make Christians of these Indians,
And to keep our pathway true.

PADRE CHICO:

The young Indian, Lord Archbishop,
Has returned with other news,
He would speak with thee, your
worship.

ARCHBISHOP:

Does he bring us other clues?

PADRE CHICO:

Nothing more for though I've asked
him,
To be silent he did choose.

ARCHBISHOP:

Please do bid him forth to enter,
Since I wonder what he's seen
In those hillocks which surround us,
'Neath the shades of foliage green.
Might it be mirage which left him,
In this self-believing state?
But we'll hear what he declares now,
What he'll tell us as of late.

PADRE CHICO:

Come with me, Juan. Let us enter.

JUAN DIEGO:

I will follow thee, your grace.
Most Illustrious Archbishop,
Heaven's peace upon this place.

ARZOBISPO:

Con felicidad los pases.
Levántate, Juan Diego,
Y decid lo que quieras,
Que saberlo deseo.

JUAN DIEGO:

Vi otra vez a la Señora
Como te lo tengo dicho.
En su propia forma la vi,
Pero un poco más acá del cerro.
Le dije lo que me dijiste, Señor,
Y tan luego como me lo escuchó,
Me dijo: "Hijo mío, yo lo entiendo.
Anda sin perder tiempo a México,
Y al obispado derechito
Te lo vas a ver al arzobispo
Y le dices sin recelo y sin temor
Que a ti solo te he escogido
Para un milagroso portento
Que este reino mexicano
Ha de ver en estos tiempos.
Y que en el sitio que os dije
Haga el templo que le mando,
Que no tiene que temer
Ni tiene que estar dudando."
Aquesto, Señor, me dijo,

ARCHBISHOP:

Heaven's joy I wish upon you.
Rise, Juan Diego, just the same.
Now please say what you desire,
I would know just why you came.

JUAN DIEGO:

Once again I saw the Lady,
As I told you with good will,
Selfsame as when first I saw her,
But much closer on the hill.
I reported what you'd said, Sire,
And as soon as she had heard,
Told me, "Son, I understand it,
Now please listen to my word:
Run to Mexico directly,
The archbishop for to see.
Speak thou boldly without fearing,
Of my mission here for thee.
Tell him that you have been chosen
For a miracle sublime,
Which all Mexico will witness
At this very special time.
He must build the church I ordered,
Without anything to fear.
He must not doubt what I'm saying
To my emissary here."

THE FOUR APPARITIONS OF GUADALUPE

27

Que te dijera.
Yo bien conozco, Señor,
Que mucho dudáis de creerme
Porque véis que soy un indio.
Pero bien sabe mi Dios
Que es cierto lo que repito.
Tú sabrás lo que has de hacer.
Yo, la respuesta espero.

ARZOBISPO:

Dime, Juan Diego,
Cuando ves a esa Señora,
¿No te causa algún recelo?
-¡Decidme la verdad!

JUAN DIEGO:

Señor, ves que soy un indio
De limitado talento.
Pero quisiera responderte según
Lo siento en mi pecho:
Yo creo, bajó del cielo,
Pues, cada vez que la miro,
Ocupa en mi corazón,
El amor y respecto.

ARZOBISPO:

Muy bien se ha explicado el Indio.

Cierto, me deja suspenso.

PADRE CHICO:

En la respuesta que ha dado,
No parece indio Juan Diego,
Porque aunque ha hablado poco,
Ha sido con gran acierto.

ARZOBISPO:

Atento ya te he escuchado, Juan,
Todo lo que me has dicho.
Quedo, Juan, bien enterado.
Dile a tu Señora
Que me envíe un aviso cierto;

This, she bade me, Sire, to tell thee,
Yet I know, lord, why you doubt.
It's because I'm just an Indian,
That's what this is all about.
But with God, who's my own witness,
It is certain, I repeat,
You must surely know your business.
Your response I now entreat.

ARCHBISHOP:

I entreat you first, Juan Diego,
Tell me faithfully and true,
Does this Lady that you're seeing
Thus inspire awe in you?

JUAN DIEGO:

Sire, you know I'm just an Indian,
Very limited at best.
Yet I'd like to tell you truly
What I feel within my breast.
I believe she came from Heaven.
When I see her I circumspect.
In my heart she fairly kindles
Fiery love and great respect.

ARCHBISHOP:

This young Indian speaks most
    truly,
Yet I've reason to suspect.

PADRE CHICO:

In the answers he has given,
Young Juan Diego speaks so pure
That he seems not like an Indian,
Very confident and sure.

ARCHBISHOP:

I have listened, Juan, attentive
To the message you have said.
Still, I've doubts about their origin,
Muddled up within my head.
I need proof, so tell your Lady

Que nada quede dudando.
Que es mucho lo que yo pienso,
Y el caso es para pensarlo.
Y así, viendo lo que te he dicho,
Haz, Juan Diego, lo que te he mandado.
Y así tú me avisarás.

Que yo, la respuesta aguardo.

JUAN DIEGO:

Como lo mandáis, Señor mío,
Así mismo lo haré.

ARZOBISPO:

Pues anda Juan,

Véte con Dios.
¿Qué decís de aquesto,
O qué es lo que has pensado?
A mí me crecen las dudas
Y estoy suspenso y turbado.

PADRE CHICO:

Es cierto que a mí también
Me tiene todo pasmado.
Pues, no parece ser indio,
Mas no sería muy aceptado
Creerle todo lo que dice,
Porque estos indios, Señor,
Aunque y se ven cristianos,
Tienen muchas ilusiones
En que se ven obstinados.
O, ¿quién sabe si
Éste será brujo, o en qué
Abusos estará encerrado?

ARZOBISPO:

En todo dices muy bien.
Pensaré bien y despacio.
La primera vez es cierto
Que sospechas me había dado.
Mas, volver por segunda vez

She must send a doubtless sign,
For this case is more than doubtful,
Of her origin divine.
And thus having heard my verdict,
Do now, Juan, as I command.
Then you'll come and bring her
    answer
To my home; this palace grand.

JUAN DIEGO:

My dear lord, as you have said it,
This, your order shall be done.

ARCHBISHOP:

Well, God speed you on your way
    now,
For your mission has begun.
What do you make of this message,
Did you give it ample thought?
I have doubts and tribulations,
And with great suspense am fraught.

PADRE CHICO:

As for me, I am confessing
That confounded I remain,
For he speaks not like an Indian,
From believing I refrain.
We cannot accept the mummings,
Of these Indians who abide
By our Christian faith and teaching,
And their true obsessions hide.
For they're all entrenched in magic,
And I question if he be
An enchanter or a wizard,
And suspect him mightily.

ARCHBISHOP:

I agree with what you're saying,
I must ponder without haste.
The first time he gave me reason,
To suspect him as he paced.
But to see his second coming,

Y ver a este indio tan sosegado,
El caso es de pensar,
Y de pensarlo bien pensado.

So consumed the Indian too,
This case must now be considered,
And considered through and
   through.

Escena 9

Scene 9

JUAN DIEGO:

Desde que vi a Nonanche
De mí mismo no me acuerdo.
Oh Nonanche de mi vida,
Por ti estoy abrazado.
Yo quisiera, Madre mía,
Estaros siempre mirando.
Oh Soberana Señora,
No digas que soy ingrato,
Que voy por otro camino
Tan sólo por no encontraros,
Porque avergonzado
Estoy de ver que
Señor Arzobispo duda
Todo lo que yo digo,
Pero aunque no te vean mis ojos,

Te llevo en mi corazón.

JUAN DIEGO:

Ever since I saw Nonache,
I have lost myself in her.
Oh Nonache, dearest Lady,
To be with you I'd prefer,
And to gaze upon you, Mother,
Oh Most Sovereign Epitaph,
Please don't think that I'm ungrateful
If I take another path.
For it's not because I'm hiding,
That's not what it's all about.
It's because I am most shameful,
That the bishop harbors doubt.
He believes not what I tell him,
But I make a solemn vow:
Though you're far from my poor
   vision,
In my heart you're with me now.

LAS CUATRO APARICIONES DE GUADALUPE

Música 8: Ave María Stella   _Score 8: Ave María Stella_

VIRGEN:

No pienses esconderte,
Que donde quiera estoy yo.

JUAN DIEGO:

Oh Señora, Madre Querida,
De mayor suposición,
A quien el arzobispo crea

Sin duda ni dilación.
Aquesto digo, Señora,
No es por faltarme el amor
A servir a vuestra hermosura,
Pues esclavo vuestro soy,
Si no es por darme vergüenza
De ver que creído no lo soy.

VIRGEN:

Pues Juan, aunque tú te excusas,
Tú has de ser mi embajador.
Ninguno quiero que vaya;
A ti, te he escogido yo.
Anda a México corriendo,
Y por tercera ocasión
Le dices al arzobispo
Que soy aquella Señora
Que allá en Naraza me vió.
Y su palabra me dió
De venir aquí a este reino.
Y que ya yo le vine a pagar
Como se lo prometí
De venir a visitar.
Pues, ya el tiempo se llegó,
Así que haga el templo
Que le mando y que
No dude que yo soy
La Señora que le dije,
Pues, hartas señas le doy.
Y no temas, Juan Diego,

VIRGIN:

Do not think to hide thus from me,
For I dwell in every place.

JUAN DIEGO:

Dearest Mother, of your message
Every thought I do embrace.
Your own words the great arch-
    bishop
Would believe if from above.
This, I say to you, My Lady,
But it's not for lack of love.
I would serve your radiant beauty,
Since I am your very slave.
But I hang my head in silence,
And remain thus, to my grave.

VIRGIN:

Although, Juan, you make excuses,
My ambassador you'll be.
For I find none other worthy;
You were chosen here by me.
You must hasten to the city,
And this third time must exclaim
That I am the selfsame Lady
To the bishop and proclaim
He, in fair Naraza saw me,
And at that time he did swear
He would travel to this kingdom
And he'd wait for me right there.
I have come as I have promised
And his visit do repay,
But he must do as I'm bidding
For I too am here to stay.
He must not be ever-doubting
My divine identity,
Since I am the very Lady
Who sent signs for him to see.
Therefore, fear not, brave Juan
    Diego,

Que el arzobispo te crea,
Que yo haré que te crea,
Cuando vea lo qué soy.

JUAN DIEGO:

Pues ya voy,
Madre Querida.

VIRGEN:

Con bien te lleve,
Mi Hijo, el Señor.

Música 9: Ave María Stella

That the bishop will believe,
He'll believe all when he sees me,
In a sign which he'll receive.

JUAN DIEGO:

Mother Dearest, I'll return there
And will go now by your leave.

VIRGIN:

May, my Son, the Lord protect you.
May he champion every need.

Score 9: Ave María Stella

Escena 10

Scene 10

PAJE #1:

Todavía por el puente iba el Indio,
Muy cabizbajo y suspenso,
¡Cuando él se nos volvió nada!

PAGE #1:

He had not yet cleared the bridges;
On the lake he trod forlorn,
When he simply stopped and
 vanished!

PAJE #2:

-¡O nos lo deshizo el viento!
-¡O se volvió pescado
Y se metió en el río!

PAJE #1:

Por la región se volaba,
Porque aunque no soy San Pedro,
Me hubiera hincado a pedirle,
Contra el demonio hechicero,
Para que lo hubiese
Soltado de sus manos
Hasta caer en el suelo.

ARZOBISPO:

Bien, retiraos.

PADRE CHICO:

Señor, el indio
Ha llegado con otra embajada
Y con Vos desea hablar.

ARZOBISPO:

¿Cómo qué? ¿Ya el indio llegó?

PADRE CHICO:

Desde muy temprano está allí.

PAGE #2:

-By the wind, his essence borne!
-Or he dived into the river,
As a fish on that strange morn!

PAGE #1:

He did soar into the heavens,
But I would not hesitate;
I would kneel before Saint Peter,
And would plead with prayer great,
That he'd fling this magic demon
From the skies unto the floor,
Just by opening his own hands.

ARCHBISHOP:

That's enough, now say no more!

PADRE CHICO:

Great Archbishop, 'tis the Indian,
Who returns without his fear
He has brought another message.

ARCHBISHOP:

How is this? The Indian's here?

PADRE CHICO:

Since so early in the morning.

ARZOBISPO:

Y, ¿qué dice o qué os habló?

PADRE CHICO:

Lo mismo de siempre,
No noto otra cosa yo.

ARZOBISPO:

Pues anda, decidle que entre.
Ya es tercera ocasión.
Cada día más mis dudas crecen,
Y crece mi confusión.

PADRE CHICO:

Vamos, Juan.
Entra conmigo.

JUAN DIEGO:

Después de usted, Señor mío.
¡Buenos días te los dé Dios!
Vuelvo con otra embajada,
Aunque me he excusado yo,
Pues conozco que no lo crees.
Mas, la Señora me envió,
Con lo mismo fin de la templo,
Y aquestas señas me dió:
Dice que si no os acordáis
Que allá en Europa os habló,
Que vinieras a este reino
Que ella misma lo mandó.
Y que Vos le diste palabra
De hacerlo sin dilación.
Y la Señora os dijo
Que vendría a visitaros

En el lugar que le llaman . . .
Aquesto Señor, se me olvidó.

ARZOBISPO:

¡Válgame Dios de los cielos!
Ya crece mi confusión
Porque todo lo que el indio dice
Es cierto que me pasó.

ARCHBISHOP:

Did he talk or speak to you?

PADRE CHICO:

He repeats the same as always,
There is nothing that is new.

ARCHBISHOP:

You must bid him now to enter.
Everyday my doubts increase,
On this third occasion doubled
And my questions never cease.

PADRE CHICO:

Go in, Juan, to the archbishop.
I will go too by your side.

JUAN DIEGO:

After you, most worthy Reverence.
Peace of God with you abide.
I come forth with a new errand,
Although offer no excuse,
Since I know you don't believe me,
And the Lady did but choose
To send you the selfsame message,
For these signs she gave to me:
She asks if you still remember
She in Europe spoke to thee
Bidding thee to this fair kingdom,
Giving thee her own command.
You then gave your solemn promise
To comply with her demand.
And the Lady said she'd visit
In the place that's named . . . what
    not,
I cannot repeat exactly,
For that portion I forgot.

ARCHBISHOP:

Blessed God who art in Heaven!
My confusion grows and grows
Because what the Indian's spoken
Surely happened when I rose

Pues, una noche en un sueño,	Late one night from heavy slumber
Yo tuve tal revelación.	With that vision, I suppose.

PADRE CHICO:	**PADRE CHICO:**
Parece que cuidadoso	Very cautious the Archbishop
Su Ilustrísima se quedó.	Seems to mull things through and
	through.
Y a mí me ha dejado el indio	As for me, the Indian's left me
Que no sé ni cómo estoy.	In a state of limbo too.

ARZOBISPO:	**ARCHBISHOP:**

(aparte)	*(aside)*
Mucho saber es del indio . . .	This young Indian's very clever
Cierto que cuidadoso estoy.	Still, I'm ever on my guard.

(A Juan Diego)	*(To Juan Diego)*
Suspenso he quedado, Juan,	Unconvinced, I'm still, Juan Diego,
Con lo que me decís vos.	By your words both soft and hard.
De suerte que si fueras otro,	Had you been another person
Ya os hubiera creído yo.	I would have believed you straight.
Pero me crecen mis dudas	But my doubts increase by moments
Dentro de mi corazón, y ahora	In my heart and now I wait
Quiero preguntarte si acaso	To ask if you're really Christian
Cristiano sois.	Or are you true to your race?

JUAN DIEGO:	**JUAN DIEGO:**
Cristiano soy, Señor mío,	I'm a Christian lord, I swear it
Por la gran voluntad de Dios.	By my God's most holy grace.

THE FOUR APPARITIONS OF GUADALUPE

ARZOBISPO:

Y de los misterios de la fe,

Decidme indio, ¿qué sabéis vos?

JUAN DIEGO:

Con que bien que los sé
Como cristiano que soy.

ARZOBISPO:

Pues si acaso sabéis tanto, Indio,
Decidme ahora, ¿Quién es Dios?

JUAN DIEGO:

Por lo que a mí me enseñaron,
Y lo que comprendo yo,
Es la Trinidad Sagrada,
Y diré que el Padre es Dios,
Y Dios es el Hijo también,
Y el Santo Espíritu, Dios,
Y siendo las tres personas
Iguales en perfección.
Es el misterio más raro
Y digno de consideración.

ARZOBISPO:

¿Y vos creéis esto, indio?

JUAN DIEGO:

Tan firme lo creo, Señor,
Que aún a costa de mi vida
Siempre creyéndolo estoy.

ARZOBISPO:

¿Qué otra cosa crees, indio?

JUAN DIEGO:

-La Encarnación, Señor,
Y otros misterios de fe,
Como cristiano que soy.

ARCHBISHOP:

Of the faith's great mysteries
   answer,
Tell me, Indian, what you know.

JUAN DIEGO:

Well I know them as a Christian
And I'm here to tell you so.

ARCHBISHOP:

If you truly know much, Indian,
Who is God then? Tell me now.

JUAN DIEGO:

From what I was taught I'll tell you,
If this answer you'll allow:
It's the Trinity most holy,
God the Father is a third.
God the Son the second person,
Who became the Living Word.
God the Spirit is the last one,
Perfect too in unity.
It's the most mysterious aspect
Of the Holy Trinity.

ARCHBISHOP:

And do you believe this, Indian?

JUAN DIEGO:

Lord, I'd swear it as your friend,
At the peril of my own life,
And would do so 'til the end.

ARCHBISHOP:

And what else believe you, Indian?

JUAN DIEGO:

-In the Word made Flesh, I do,
And in our faith's other mysteries
As a Christian, just like you.

ARZOBISPO:

Pues, por lo que me dices,
Siendo Dios, ¿cómo murió?

JUAN DIEGO:

Porque también hombre fue,
Y no murió en cuanto Dios.

ARZOBISPO:

Pues, explícame ese punto, Indio.

¿Cómo lo comprendéis vos?

JUAN DIEGO:

Yo comprendo de este modo, Tata:
Que la Segunda Persona, que es
Dios Hijo, bajó a tomar
Carne mortal y de una Virgen nació.

ARZOBISPO: .

Decidme, indio,

¿Por qué murió?

JUAN DIEGO:

Por nuestra redención, Señor.

ARZOBISPO:

¿Qué, por ti pudo morir, indio?

JUAN DIEGO:

Por mí, Señor, y por Vos,
Y por el género humano,
Que a tanto llegó su amor.

ARZOBISPO:

Muy bien se ha explicado el Indio.
Cierto que me deja suspenso.
Juan, ya que sabéis la doctrina,
Ahora pues te mando yo
Que vayas con la Señora
Y le des esta razón:

ARCHBISHOP:

If I know what you are saying,
Tell me, how did this God die?

JUAN DIEGO:

He just died of human aspect,
But the God part did not die.

ARCHBISHOP:

Please explain that point now,
Indian,
How do you perceive that one?

JUAN DIEGO:

As I understand, dear father,
God the Second, who's the Son,
Was born from a virgin woman,
Taking flesh as He'd begun.

ARCHBISHOP:

You must tell me, then, young
Indian,
Did this Man God die and why?

JUAN DIEGO:

For our own redemption, Sire.

ARCHBISHOP:

For you, did He choose to die?

JUAN DIEGO:

'Twas for me and you, your worship,
For all mankind, I can tell,
For his love all things embraces.

ARCHBISHOP:

This, the Indian answered well.
Still, I must be ever watchful.
Juan, you know faith as you say.
Now I charge you with this errand
Which you must for me convey:
Tell your Lady I am grateful

Que buenas señas me envió,
Mas que por algunas dudas,
Me envíe unas señas ciertas
Que así se las pido yo:
Unas rosas que estén frescas
Y que tengan buen olor,
Para que yo crea sin duda
Todo lo que me decís vos.
Que enviándomelas luego,
Se le hará el templo que mandó.

Y ahora, te advierto otra cosa:
Que si rosas no me traes aquí,
No volváis vos.
Y así se lo dices tú,
Que ésta es mi resolución.

JUAN DIEGO:

Como lo mande su Ilustrísima.
Así mismo lo haré.

ARZOBISPO:

Pues anda, Juan, vé con Dios.
¿Qué haré yo en caso semejante?
Este indio me ha dejado suspenso
Con las señas que me dió.
¿Cómo este indio
Habrá sabido lo que
A mí me sucedió?
Es el caso de pensar
Y digno de reflección.
¡Válgame Dios de los cielos!

PADRE CHICO:

Qué cuidadoso el arzobispo
Noté que se retiró.
Y a mí me ha dejado el indio
Que no sé ni cómo estoy.
¿Cómo este indio habrá sabido
Lo que al arzobispo le pasó,
Y de su gran prudencia?
¿Quién sabe qué pienso yo?

For her portents most divine,
Yet I still have doubtful reasons
She must send another sign:
I would ask for freshest roses
Smelling like the morning dew,
That I might believe profoundly
When I see their crimson hue.
I would then know that your story,
Rings so faithful and so true,
And would build her temple
    promptly
But I'm saying this to you:
If you do not bring these roses,
Do not come within my sight.
For this is the resolution,
Of my power and my might.

JUAN DIEGO:

As you bid, my lord archbishop,
By your will it shall be done.

ARCHIBISHOP:

May God speed you on your mission,
With this errand that you run.
By the signs the Indian gave me,
I'm disturbed and can't explain
Since I know not how he found out,
Of my vision back in Spain.
He has left me here to ponder,
This case that's both truth and lie,
For it's worthy of reflection.
Holy God, on Heaven high!

PADRE CHICO:

I did notice the archbishop
Drew away most lost in thought.
As for me, the Indian's left me,
In a state of Limbo caught.
How could this unworthy Indian
Guess his lordship's vision past,
Since he guards his secrets wisely?
And should I believe at last?

También conocí que el indio
Con pecho sano le habló.

No le conocí malicia
Como antes juzgaba yo.
¿Qué será esto?
¿Qué puede ser?
Mas al verle la entereza,
La razón que ahora dió,
Y la serenidad con que habló,
Y también su explicación,
Quiere decir que aquesto
Misterio encierra.

For I too felt that the Indian
Spoke to him straight from the
　　　heart.
And I did not notice malice,
I suspected from the start.
Still, I'm baffled by his comments,
And I wonder what they are
When he speaks to us in earnest
Of his message from afar.
He's serene when he explains it,
And his message, I suppose,
Is so honest that it surely
Must a mystery enclose.

Escena 11

Scene 11

JUAN DIEGO:

Ya va Juan Diego
A Santiago Tataluca,
A traer un padre
Para mi tío Juan Bernardino,
Que él mismo me lo pidió.
Y el padre de este pueblo
Para otro pueblo partió.
Y para que la Virgen
Me ayude, iré rezando
Un rosario para que
No me salga una cosa
Allí subiendo el cerro.

JUAN DIEGO:

I, Juan Diego, am now headed
Out to fetch a holy priest
From Santiago Tataluca,
Who will pray for us at least.
For my Uncle Bernardino,
Bid me find him in this town,
Since our own has relocated
To a village farther down.
And that Mother Mary help us,
Her great rosary I'll pray,
So that nothing bars my journey,
On the slopes I climb today.

Música 10: Ave María Stella

Score 10: Ave María Stella

VIRGEN:

¡Juan, Juan Diego!

VIRGIN:

Juan, Juan Diego!

JUAN DIEGO:

¡Señora!

JUAN DIEGO:

My Lady!

VIRGEN:

Juan, ya sé lo que dijo

VIRGIN:

Juan, I know the

el arzobispo:
Que unas señas mande yo.
Y también a vos dijo
Que sin ellas no volvieras.

JUAN DIEGO:

Mas Señora, no puedo ir.
Pues voy por un confesor,
Que mi tío está enfermo
Y él mismo me lo pidió.

VIRGEN:

No tienes que temer,
Que tu tío sano está.

JUAN DIEGO:

¿Cómo que sanó mi tío?
¿Y está bueno?

VIRGEN:

Sí, pues para eso aquí estoy yo.
Sube a la cumbre del cerro,
Que de diciembre seco
Flórido mayo se ha vuelto.
Vé y vuelve presto,
Que aquí os aguardo yo,
Para darte las señas
Que el arzobispo pidió.
Allí un rosal hallarás
Hecho de todo primor.
De esas rosas quiero darte
Para que creído seas vos.

JUAN DIEGO:

Señora mía,
No hay más que nopales.

VIRGEN:

Anda hijo,
Que de milagro las he hecho.

JUAN DIEGO:

Solamente así lo creo.

bishop's message:
He requires proof from me,
And he also warned that you should
Not return if it not be.

JUAN DIEGO:

A confessor I am needing,
Thus, My Lady, I can't go,
For my Uncle Bernardino
Is so ill and needs one so.

VIRGIN:

There's no reason to be fearful,
Since your uncle's whole again.

JUAN DIEGO:

How? My uncle has recovered?
And is he a healthy man?

VIRGIN:

He's well through my intercession.
You must climb this peak, I pray,
For this dry December morning
Has turned into flow'ry May.
You must go now and return here,
I'll await you on this spot,
And I'll give to you the portents,
Which the archbishop sought.
At the top you'll find a rosebush,
Made of flowers in full bloom.
From those roses I will give you,
To convince your doubtful gloom.

JUAN DIEGO:

But I know those peaks, My Lady,
There is naught but cactus there.

VIRGIN:

Do not doubt for through my power
I have made them blossom fair.

JUAN DIEGO:

Only thus would I believe it.

Pero Nonanche, ¿por qué no
Hiciste el milagro aquí bajo?

VIRGEN:

Ten pacencia, hijo mío,
Que pronto se acabará tu empeño.

JUAN DIEGO:

Voy a cortarlas.
Ya vuelvo.

Música 11: Guitarra clásica

(ida y entrada)

JUAN DIEGO:

Aquí te traigo unas pocas.
Nunca las había visto y he atravesado
Y andado todo el cerro.

But Nonanche, since you've won,
Why not make the marvel here?

VIRGIN:

Please be patient, dearest son.
All too soon your doubts will vanish.

JUAN DIEGO:

I'll go cut them sure and true!
I'll be back in just a moment!

Score 11: Classical guitar

(exit and entrance)

JUAN DIEGO:

I have gathered but a few.
I had never seen such wonders,
Though I've traveled through this
spot.

VIRGEN:

No dudes lo que yo os digo,
Porque mi Hijo, con tan sólo querer,
Todo el mundo fabricó.
Aquí estas señas te dejo
Para milagro mayor,
Aquí, donde pongo mis pies,

VIRGIN:

Never doubt what I am saying,
For My Son, on this small plot,
With one whim, the world created.
Now I leave for you this sign,
So that all may come to marvel
At this sacramental shrine.

Agua ha de salir desde hoy,
Que nunca se acabará sin
Que manifieste yo,
Las aguas de mi corazón.

JUAN DIEGO:

¡Válgame Dios de los cielos!
¡Lleno estoy de admiración!
Oh Señora y Madre mía,
Lumbre de mi corazón,
¿Cuánto mereciera, Señora,
El que me hagáis tal favor?

VIRGEN:

Llega Juan, llega hijo mío,
Sin recelo ni temor.
No te admiren esas rosas.
¿Qué otro prodigio es mayor?
Verá el arzobispo, pues
Tantas señas pidió que yo
Con mis propias manos
En tu tilma las echo.
Que aunque el tiempo es contrario,
Con mi gran poder las crié.
Y así, véte hijo mío,
Que ya el tiempo se llegó
De que este Nuevo Mundo vea
Las finezas de mi amor.

JUAN DIEGO:

Pues ya voy, Madre Querida.

VIRGEN:

Con bien te lleve mi Hijo, el Señor.

Música 12: Ave María Stella

JUAN DIEGO:

Como pájaro ligero
Quisiera andar el día de hoy,
Para que salga de dudas

Where I'm treading now and always,
Will the waters from above
Spring and never cease their flowing,
Like my ever-burning love.

JUAN DIEGO:

Holy God who art in Heaven!
I am struck dumb from the start!
Fairest Lady, Dearest Mother,
Spark that lights my humble heart,
How have I deserved, My Lady,
This great favor you do here?

VIRGIN:

Hasten now Juan, dearest child,
Without pause and without fear.
And let not these roses blind you
To the miracle that's true.
You shall see like the archbishop,
All these signs I send with you.
For, behold, with my own fingers
I have placed them in your cloak,
And although they're not in season,
I have formed them as I spoke.
And so, go forth now, my infant,
For the time is nearly past
That this New World see the glories
Of the love I show at last.

JUAN DIEGO:

As you bid, my Dearest Mother.

VIRGIN:

May the Lord, My Son, guide you.

Score 12: Ave María Stella

JUAN DIEGO:

As a bird with wings unfettered,
I will fly today anew.
I will show my lord archbishop

El arzobispo, mi Señor.
Y si me viera el Padre Chico,
Él me diría, "De nada, de nada."
Y diga lo que diga,
Yo le enseñaré
Que ya chuchumeco no soy.
Ya no me dan los doscientos.

He may cast his doubts aside.
I can just hear Father Chico,
Say, "There is nothing to confide."
But, no matter what he's saying,
I will show as best I can,
I'm no longer Chuchumecan,
And will not be whipped again.

Escena 12

Scene 12

PADRE CHICO:

Dime Juan, ¿Qué señas te dió?

PADRE CHICO:

Tell me, Juan, what did She give
    you?

JUAN DIEGO:

¡Nada, nada, nada!
Mira que ya chuchumeco no soy;
Que ya no me dan los doscientos.

JUAN DIEGO:

Never mind with what I ran.
I'm no longer Chuchumecan,
And will not be whipped again.

PADRE CHICO:

Pues, espérate aquí un poco.
Voy a avisarle al arzobispo.

PADRE CHICO:

You must wait here for a moment.
I shall go and tell my lord.

JUAN DIEGO:

Está muy bien, Señor mío.
Aquí me quedo aguardando.

JUAN DIEGO:

That is fine with me, your Reverence,
I shall stand here with my horde.

PAJE #1:

¡Déjanos ver, Juan Diego!

PAGE #1:

Let us see your stash, Juan Diego!

PAJE #2:

¡Anda Juan, déjanos ver!

PAGE #2:

Let us see Juan! Let us now!

JUAN DIEGO:

¡Mira, chú!
¡Es para el obispo!

JUAN DIEGO:

Go away, for it's a secret,
For the bishop, anyhow!

PADRE CHICO:

Ilustrísimo Señor,
El indio ha llegado,

PADRE CHICO:

Most illustrious archbishop,
That young Indian's come once
    more,

Y como nunca lo he visto,
Viene muy regocijado.

ARZOBISPO:

Pues sin dilación que entre,
Que estoy en mayor cuidado.
Si es cierto lo que tú me dices,
Algún misterio hay encerrado.

PADRE CHICO:

Para mi creer, rosas son,
O será que me he engañado.

ARZOBISPO:

¡Válgame Dios de los cielos!
¿Qué será esto que estoy pensando,
Que Dios con su gran poder
Me tendrá señalado
Para servir de instrumento
De algún secreto sagrado?

PADRE CHICO:

Vamos Juan, entra conmigo.

JUAN DIEGO:

Después de usted, Señor mío.

ARZOBISPO:

Seas bien servido,

Indio Juan Diego.

JUAN DIEGO:

Y Vos, Señor, bien hallado.
Aquí te traigo las rosas
Que la Señora os ha enviado.
Pues en la cumbre del cerro,
Un rosal fresco he hallado.
Subí yo allá a la cumbre
Por los abrojos y peñascos
Y luego, Señor, que ya llegué,
Me quedé amaravillado de ver

With such rapture that he carries,
A strange secret at the core.

ARCHBISHOP:

You must bid him forth to enter,
I am ready for this lad.
If it's true what you are saying,
Here's a mystery to be had.

PADRE CHICO:

I believe he carries roses,
If with fault I am not fraught.

ARCHBISHOP:

Holy God who art in Heaven!
Do I dare to think this thought:
That my God with his great power,
From all men has chosen me,
As an instrument of service,
For some secret dignity?

PADRE CHICO:

You may enter now, Juan Diego.

JUAN DIEGO:

After you, my lord, I'll go.

ARCHBISHOP:

You're most welcome here, Juan
     Diego,
What you've brought us, I would
     know.

JUAN DIEGO:

Heaven's peace upon your worship.
I have brought the roses meek,
Which the Lady has just sent you,
From the summit of the peak,
Where the freshest bush is growing,
'Mid the crags and stony heights,
When I climbed upon the mountain,
And I witnessed these great sights.
I was struck dumb when I saw it,

Aquel rosal hermoso que jamás
Lo había mirado, y ella con

Sus propias manos las rosas ha echado.

ARZOBISPO:

Y, ¿dónde están esas rosas, hijito?

JUAN DIEGO:

Aquí las tengo, Señor.

ARZOBISPO:

Échalas aquí y quedaré desengañado.

JUAN DIEGO:

Aquí las tienes.

A rosebush of beauty rare,
Which She placed there with her
   fingers,
And arranged the roses there.

ARCHBISHOP:

And where are those roses now,
   child?

JUAN DIEGO:

I have brought them, lord, to thee.

ARCHBISHOP:

Cast them here and end my
   doubting.

JUAN DIEGO:

I shall drop them by your knee.

ARZOBISPO:

¡Qué portento!

PADRE CHICO:

¡Qué belleza!

ARZOBISPO:

¡Qué dulzura!

ARCHBISHOP:

Such a portent!

PADRE CHICO:

Such rare beauty!

ARCHBISHOP:

Such a sweetness!

PADRE CHICO:

¡Qué hermosura!

JUAN DIEGO:

¡Qué chulada!

ARZOBISPO:

Presta hijo, esa tilma
En que está pintado el cielo.

JUAN DIEGO:

¡El tilma es mío, Ilustrísimo!

ARZOBISPO:

Es para llevarla al templo.

PADRE CHICO:

Lovely be!

JUAN DIEGO:

Such a cutie!

ARCHBISHOP:

You must give us that cloak, infant,
Which portrays high Heaven's face.

JUAN DIEGO:

It belongs to me, your worship!

ARCHBISHOP:

But the temple is its place.

JUAN DIEGO:

Yo la llevaré a mi casa.

ARZOBISPO:

No hijo, que éste, portento es.

PADRE CHICO:

¡Ah, qué tilma tan hermosa!
Sin duda los ángeles la tejieron.

JUAN DIEGO:

No Señor, ésta la tejió una mujer.

JUAN DIEGO:

I shall take it to my dwelling.

ARCHBISHOP:

No, my child, this portent be.

PADRE CHICO:

An angelic cloak of beauty,
Woven in eternity.

JUAN DIEGO:

No, my lord, a woman wove it.

ARZOBISPO:

¡Oh portento soberano!
¡Milagro de los milagros!
¡Adórote María Santísima,
Madre del Dios soberano!
Ahora me resta pediros,
Pues por tanta dicha que he logrado,
Qué se acabe la herejía
En este reino mexicano.
Qué la cristiandad se aumente
Y qué tu Hijo sea adorado.
Y tú, indio dichoso Juan Diego,
Que has merecido ser trono y
Colateral sagrado,
Pues de tus hombros pende

ARCHBISHOP:

Oh great portent, most sublime!
Lovely miracle of wonders,
Holy Mary most divine,
You are Mother of the Savior.
Now I beg on bended knee,
By the blessings you have given,
That you end all heresy
In this Mexican-rich kingdom.
May the Christian faith increase.
May your Only Son be worshipped,
And Juan Diego, if you please,
You are now both throne and bearer
Of this standard pure and clean.
From your shoulders hangs a
    wonder

El más bello milagro.
Ahora, en el oratorio
Preciso es depositar el ayate
Hasta hacer el templo.
Vamos, dichoso Juan Diego,
Vamos y lleva cargado
El tesoro más sublime
Que en el cielo y en la tierra
Se ha hallado.

Like the world has never seen.
Now, within the holy chapel,
We shall lay this sacred gown
'Til we build the promised temple.
Come, Juan Diego, let's go down.
Let us go and bear this marvel
With both dignity and mirth,
For it is the greatest treasure
Seen in Heaven or on earth.

JUAN DIEGO:

Vamos, Señor Ilustrísimo,
Vamos cantando el rosario.
Que así como aquí nos vemos juntos,
Nos veremos en el cielo como
  hermanos.

JUAN DIEGO:

Let us go, my lord archbishop,
As we sing the ros'ry prayer,
Since we may now stand as brothers,
Both on earth and Heaven fair.

Antigua Oración Nuevo Mexicana

Madre mía de Guadalupe,
Por tus cuatro apariciones,
Antes de cuatro días,
Remedia mis aflicciones.
Madre mía de Guadalupe,
Por tus cuatro apariciones,
Antes de cuatro días,
Remedia mis aflicciones.
Madre mía de Guadalupe,
Por tus cuatro apariciones,
Antes de cuatro días,
Remedia mis aflicciones.
Madre mía de Guadalupe,
Por tus cuatro apariciones,
Antes de cuatro días,
Remedia mis aflicciones.

Old New Mexico Prayer

My dear mother Guadalupe,
By your apparitions four,
Help to banish my afflictions,
Within four days evermore.
My dear mother Guadalupe,
By your apparitions four,
Help to banish my afflictions,
Within four days evermore.
My dear mother Guadalupe,
By your apparitions four,
Help to banish my afflictions,
Within four days evermore.
My dear mother Guadalupe,
By your apparitions four,
Help to banish my afflictions,
Within four days evermore.

Fin

The End

Las posadas

No Room at the Inn

Introducción

Durante el tiempo del Adviento en el Sudoeste americano, se suelen presentar varios dramas que marcan los pasos de la temporada. Estos dramas nos vinieron con los primeros pobladores a nuestros alrededores. Se ven, por ejemplo, *Los matachines, Los pastores,* y *Los tres Reyes Magos.* Una de las tradiciones dramáticas más sublimes que tenemos en Nuevo México se llama *Las posadas.* Todos conocemos la historia de *Las posadas,* pero el origen de esta tradición es algo que deberíamos reconocer también porque tiene raíces que remontan hasta tiempos bíblicos.

En un antiguo drama que se llama *El coloquio de San José,* sale el diablo Luzbel a lamentar el hecho de que San José se va a casar con la Virgen María, y que por medio de ellos se ha de cumplir la venida del Mesías prometido por los profetas Habacuc, Isaías, y Daniel. Aunque sea pobre, San José viene de sangre real, siendo de la Casa del Rey David. Tiene miedo ir a pedir a María porque el patriarca Simeón ha mandado llamar a todos los hombres que desean a María como esposa y hay muchos.

Siguiendo los consejos de su amigo Feliciano, San José llega al templo donde al verlo, la antigua vara de Simeón enflorece. Él toma ésta como seña divina de que San José ha de ser el escogido para María. Dios Padre sale a bendecir la unión y así frustra los diseños de Luzbel. Luzbel ahora se junta con dos otros demonios llamados Satanás y Astucias para darle batalla a la gloria: "Mando al sol, mando a la luna, mando al cielo estrellado. Ése se verá eclipsado tan sólo con que yo le mande."

Entretanto, llega el ángel Gabriel a anunciarle a María que ella ha de ser la madre del Mesías. Ella guarda el secreto en su corazón. Ahora los demonios Astucias y Satanás, por orden de Luzbel, van a dar donde están unos pastores en el empleo de Isabel, prima hermana de María. Allí, disfrazados como pastores también, tratan de cenar con ellos. El pastor Fileno, primo de José, les ofrece una pobre merienda de pan, vino, y corderito. Los demonios rechazan la cena porque está compuesta de los meros elementos que formarán la sagrada comunión después de la venida del Mesías.

Sale ahora Isabel con su criada Armida, y discuten la maravilla de que Zacarías, el esposo de Isabel, de repente ha enmudecido. Cuando se acercan San José y María a donde está Isabel, la anciana da un grito de gusto. Al instante que vió a María, se dió cuenta de que ella también estaba encinta porque saltó el niño (Juan Bautista) en su vientre. Al instante, Zacarías recobró su lengua y comenzó a dar alabanzas a Dios.

Ahora el mismo Luzbel visita a San José y le revela en un sueño que María estaba encinta antes de casarse con él. Le siembra sospechas malas en el corazón. San Miguel Arcángel viene a animar a San José de que se deje de tonterías y que regrese a María como esposo casto para ella y padre putativo para el Niño.

Introduction

Throughout the time of Advent in the Great American Southwest, many folk dramas are often performed to mark the season. These folk plays came to this corner of the world with the first settlers in the area. Among the plays seen are *Los matachines*, *Los pastores*, and *Los tres Reyes Magos*. Among the most sublime dramatic traditions that we have in New Mexico is one called *Las posadas*. We all know the story of *Las posadas*, but the origin of this tradition is something we should also recognize since its roots go back to biblical times.

In an ancient folk play titled *The Colloquy of Saint Joseph*, the devil Lucifer comes out to lament the fact that Saint Joseph is to be wed to the Virgin Mary, and through this union the prophecy of the coming of the Messiah will be fulfilled as foretold by the prophets Habakuk, Isaiah, and Daniel. Although a poor man, Saint Joseph is of royal lineage, from the House of King David. He is afraid to ask for the hand of Mary since the patriarch Simeon has called together all of the suitors for the hand of Mary and there are many.

Following the advice of his friend Felician, Saint Joseph arrives at the temple whereupon the sight of him causes the withered, old staff of Simeon to burst into full bloom. He takes this as a sign from above that Saint Joseph is to be the intended for Mary. God the Father comes out to bless the union and thus frustrates the plans of Lucifer. Lucifer now calls upon two other demons named Satan and Wiles to launch a battle against Heaven itself. "I call upon the sun, I call upon the moon, I call upon the starry sky. The sky will shed its light with but a single command from me."

In the meantime, the angel Gabriel comes to announce to Mary that she is to be the mother of the Messiah. She buries the secret deep in her heart. Now, the demons Satan and Wiles, by order of Lucifer, hasten to where some shepherds in the service of Elizabeth, Mary's first cousin, are watching her flocks. There, disguised as shepherds also, they sit to sup with them. The shepherd Fileno, who is Joseph's cousin, offers them a meal of bread, wine, and lamb. The demons reject the meal since it is composed of the very elements that will form Holy Communion after the coming of the Messiah.

Elizabeth now comes on the scene with her maid servant Armida, and they marvel at the fact that Zacariah, husband of Elizabeth, has been struck dumb. As Joseph and Mary approach, the elderly Elizabeth gives a shout of joy. At the very instant that she saw her cousin Mary, she realized that she too was with child, for the infant in her womb (John the Baptist) leaped for joy. At that moment, Zacariah recovered his speech and began to praise God.

Now Lucifer himself comes to visit Saint Joseph and reveals to him in a dream that Mary was with child before she married him. He seeds evil suspicion in his heart. Saint Michael the Archangel comes forth now to hearten Saint Joseph and to dispel all foolish thoughts that he may return to Mary as her chaste husband and as a guiding father to the Child.

En la undécima escena de *El coloquio de San José*, él y María caminan para Belén por orden de César Agosto, quien está tomando un censo de su imperio. Los tres demonios vuelan adelante de ellos y se instalan en las posadas para cuando lleguen José y María, se les niegue la entrada. La pareja santa va de casa en casa pidiendo posada, pero los demonios vengativos han perturbado a todo el poblado para que todos se les nieguen posada. Por fin el Niño tiene que nacer en un humilde portal.

El drama de *Las posadas* se canta las nueve noches precedentes a la Nochebuena. Ya los demonios no acompañan a los posadistas y la mujer que hace el papel de María ahora lleva una muñeca que representa al Niño Dios. El Niño Dios pasa la noche en la casa de los que le ofrecen posada, y ellos, en turno, se hacen compadres de los que trajeron la muñeca. Después de cantar *Las posadas*, se hacen varias oraciones al Santo Niño y cada noche termina con un cántico. Generalmente, la última noche de *Las posadas* se suele hacer en la iglesia con todo el pueblo participando.

En este tiempo de Adviento, cuando se lleguen Las posadas, recuerden que nos vienen por tradición de la undécima escena de El coloquio de San José. Recordémosnos también de que así como hay alegría y gozo a este tiempo del año, también la Cosa Mala anda suelta tratando de hallar posada en nuestros corazones y sembrarnos tonterías como quizo hacer con San José. Recordemos la cancioncita que dice: El demonio en la oreja te está diciendo, "No vayas a Misa, sigue durmiendo!"

In the eleventh scene of *The Colloquy of Saint Joseph*, he and Mary travel to Bethlehem by order of Caesar Augustus, who has proclaimed a census throughout his empire. The three demons fly ahead of them and enter the various homes so that when Joseph and Mary arrive asking for lodging, they will be turned away. The holy couple goes from house to house entreating lodging, but the vengeful demons have stirred the whole population against them so that none will welcome them into their homes. Finally, the Child must be born in a humble stable.

The folk play *Las posadas* is sung on the nine nights preceding Christmas Eve. The demons no longer accompany the *posadistas* and the lady who plays the role of Mary now carries a doll that represents the Infant God. The Infant God spends the night at the home of the hosts who offer lodging, and they, in turn, become the co-parents of those who brought the doll figure. After singing *Las posadas*, various prayers to the Holy Child are recited and every night ends with a hymn. Generally, the last night of *Las posadas* is reenacted at the village church and the entire village participates.

In this season of Advent, when it is time to perform *Las posadas*, it is good to recall that they come down to us from the eleventh scene of *The Colloquy of Saint Joseph*. Let us also remember that just as there is joy and mirth at this time of the year, the Spirit of Evil is also loose and is trying to find a lodging place within our hearts and seed suspicion there even as he tried to do with Saint Joseph. We would do well to recall the little ditty that goes like this: The demon in your ear is whispering, "Don't go to Mass, keep sleeping."

Las posadas

No Room at the Inn

Procesión de las posadas

Procession for Las posadas

Hermosa Señora,
Bella peregrina,
Danos tus auxilios,
Oh Madre Divina.

Loveliest of ladies,
Mother Peregrine,
Grant us your protection,
On this night divine.

Ya van caminando
Los esposos santos,
Vamos almas todas,
Siguiendo sus pasos.

Like the holy couple,
Traveling far by day,
Let us hasten forward,
And without delay.

Vámosle ofreciendo,
Para estas jornadas,
Todas las potencias,
La vida, y el alma.

To them now we offer
Our strength, life, and soul,
May they guide their journey,
And thus make them whole.

El corazón damos,
Reina Celestial,
Sirva de pesebre
Y humilde portal.

To the Queen of Heaven,
Our full hearts we render,
May they serve as stable,
And as manger tender.

Ya no caminéis,
Dulce imán del cielo,
Aquí está mi cuerpo,
Sirva de jumento.

Sweetest charm of Heaven,
On thy holy quest,
Offer we our bodies,
As a place of rest.

Y para seguirte,	And so as to follow,
El corazón damos,	We your slaves proclaim you,
Recíbelo Madre,	Queen of all our hearts,
Para tus esclavos.	In one voice acclaim you.
Hermosa Señora,	Loveliest of ladies,
Ya no caminéis,	Pilgrim without rest,
Aquí está mi pecho,	I've prepared a temple,
Hospedaos en él.	Here within my breast.
Hermosa Señora,	Loveliest of ladies,
Y blanca azucena,	Purest flower of earth,
Tu dichoso parto,	May this wond'rous night,
Sea en noche buena.	Bring the holy birth.
Danos aguinaldos,	As our Christmas tidings,
Escondido Niño,	From our strife and labor,
En las aflicciones,	Grant us, Holy Child,
Tu favor y auxilio.	Your succour and favor.
Danos aguinaldos,	As our Christmas tidings,
Dulce imán del cielo,	It is our belief,
En nuestros trabajos,	You will give us comfort,
Tu alivio y consuelo.	From our work relief.
Danos aguinaldos,	As our Christmas tidings,
Divino José,	Strength to cope with strife,
Grande resistencia,	Grant us dear Saint Joseph,
En el padecer.	At the close of life.

NO ROOM AT THE INN

Danos aguinaldos,
Divina María,
Llévanos a todos,
En tu compañía.

Y que nuestra muerte,
Sea de contrición,
Te pedimos Madre,
Por amor de Dios.

Danos, Oh Señora,
Ya tu bendición,
Pues te la pedimos,
Muy de corazón.

Sea la del Padre,
También la del Hijo,
Y en perfecta unión,
El Espíritu Santo.

Las posadas a la puerta

Afuera:

De larga jornada,
Rendidos llegamos,
Y así imploramos,
Para descansar.

As our Christmas tidings,
To your presence take us,
Mary full of Grace,
Please do not forsake us.

Filled with life's contrition,
When death comes to get us,
For the love of God,
Mary, don't forget us.

Grant us, Holy Lady,
All your heartfelt blessing,
Humbly we implore you,
With one voice expressing.

We ask of the Father,
And His only Son,
And the Holy Spirit,
To make us as one.

Las posadas at the Door

Outside:

From a heavy journey,
We have come distressed,
Humbly we implore you,
For a place of rest.

Adentro:

¿Quién a nuestras puertas,
En noche inclemente,
Se acerca imprudente,
Para molestar?

Afuera:

¿Quién les da posada,
A estos peregrinos,
Que vienen cansados,
De andar los caminos?

Inside:

Who knocks at our portals,
With a noise like thunder,
On this night inclement,
To disturb our slumber?

Outside:

Who will give us lodging,
Pilgrims both we be,
Tired from our journey
As you well can see?

Adentro:

¿Quién es quién la pide,
Yo no la he de dar,
Si serán ladrones,
Que quedrán robar?

Afuera:

Robaros pretendo,
Y es el corazón,
Que a mi esposa amada,
Le déis un rincón.

Adentro:

No hay rincón vacío,
Que puedan franquear,

Inside:

Who requests our lodging,
With such talk and pressure?
You might both be burglars,
Come to steal our treasure.

Outside:

I've not come to rob you,
Mary full of Grace,
My beloved partner,
Needs but a small place.

Inside:

We've no vacant corner,
Where you two can hide,

Vacío está el campo,	But the fields are empty,
Y en él hospedad.	Why not stay outside?

Afuera: | *Outside:*

Necesidad grave,	Great need is afflicting,
A mi esposa aflige.	My dear wife divine,
Un rincón les pido,	We ask but a corner,
Donde se recline.	Where she may recline.

Adentro: | *Inside:*

¿Quién es quién perturba,	Who distrubs the quiet,
De noche sosiego?	Which by night we keep?
Márchense de aquí,	Get thee from our doorstep,
No nos quite el sueño!	Don't disturb our sleep.

Afuera: | *Outside:*

Hacedlo por Dios,	For the love of Heaven,
Que mi esposa amada,	And celestial gold,
Con frío y cansancio,	My poor wife's afflicted,
Viene fatigada.	With fatigue and cold.

Adentro: | *Inside:*

¡Qué gente tan necia!	Such a stubborn couple,
Ya me está enfadando,	Makes me angry talking.
Márchense de aquí,	Leave us at this moment,
¡No nos quite el sueño!	Quit your ceaseless knocking.

Afuera: | *Outside:*

| Que esta bella Niña, | This beloved damsel, |

Ya no sufre el hielo,
No puede aguantar,
El rigor del tiempo.

Adentro:

Ya se ve que es tarde,
Y venir con eso,
Se hacen sospechosos,
Márchense al momento.

Afuera:

La noche avanza,
Por Dios condoléos.
Que descanse un poco,
La Reina del Cielo.

Adentro:

Ruegos importunos,
Ya no escucharemos,
Vacío está el campo,
Y en él recogedos.

Afuera:

Es José y María,
Su esposa amada,
Que a sus puertas vienen,
A pedir posada.

Adentro:

Entrad, bella Niña,
Tú y tu esposo,
Ésta es vuestra casa,
Que humilde ofrezco.

Afuera:

No tengáis en poco,
Esta caridad,
El cielo benigno,
Os compensará.

Adentro:

Abranse las puertas,
Rómpanse los velos,

Who's with me together,
Can endure no longer,
This harsh winter weather.

Inside:

'Tis late in the evening,
I don't trust your reason,
Leave us at this moment,
'Tis late in the season.

Outside:

The night marches onward,
For God's sake have pity,
Give the Queen of Heaven,
A room in your city.

Inside:

We'll no longer listen,
To foolish requests,
And the fields are vacant,
Make yourselves our guests.

Outside:

Joseph and his Mary,
Darling of his eyes,
At your door seek shelter,
From the winter skies.

Inside:

Welcome, lovely maiden,
Treasure of our coffer,
To you and your husband,
Our house now we offer.

Outside:

This is no small favor,
Which for us you do,
Heaven ever-watchful,
Will reward you too.

Inside:

Open doors and curtains,
Let the feast begin,

NO ROOM AT THE INN

Que viene a posar,	For the Queen of Heaven,
La Reina del Cielo.	Comes to dwell within.

## Canción de entrada a la posada:	## Song to enter into the inn
### *Todos juntos:*	### *All Together:*
Entren santos	Come inside ye
Peregrinos, peregrinos,	Holy pilgrims, holy pilgrims,
Reciban esta mansión.	Don't let fear keep us apart.
Que aunque pobre	Although humble
La morada, la morada,	Be our dwelling, be our dwelling,
Os la doy de corazón.	We offer it with full heart.
Cantemos con	Let us sing with
Alegría, alegría,	Voices praising, voices praising,
Todos al considerar,	To our guests we homage pay,
Que Jesús, José	Jesus and Joseph
Y María, y María,	And Mary, and Mary,
Nos vinieron hoy a honrar.	Came to honor us today.
### *Oración al Santo Niño*	### *Prayer to The Holy Child*
#### Todos:	#### All:
O Divino Niño de Belén	Oh Holy Child of Bethlehem
a quien adoramos y	whom we adore and
reconocemos ser nuestro	recognize as our
Soberano Señor,	Sovereign Lord,
venid y tomad posesión	come and take possession

de nuestros corazones, Amén.	of our hearts, Amen.
Santísima Madre María y bienaventurado Señor San José, obtened para nosotros la gracia de hacer esta novena con tal devoción, atención, y caridad ardiente que nos haga dignos de unirnos con los ángeles a rendir gloria a Dios.	Most Holy Mary and blessed Saint Joseph, help us obtain the grace to complete this novena with such devotion, attention, and ardent charity that we may be made worthy to join with the angels in rendering glory unto God.

Acto de contrición

Todos:

Señor mío Jesucristo,
Dios y hombre verdadero,
Creador y Redentor mío,
por ser Vos quién sois
y porque os amo
sobre todas las cosas,
me pesa Señor de
todo corazón de haberos
ofendido y propongo
firmemente nunca más pecar,
apartarme de todas
las ocasiones de ofenderos,
confesarme y cumplir

Act of Contrition

All:

Lord Jesus Christ,
true God and Man,
my Creator and Redeemer,
because You are who You are
and because I love You
above all things,
Lord, I am heartily
sorry for having
offended You and I firmly resolve
to sin no more
and to avoid the
near occasion of sin,
confess my sins and comply

la penitencia que
me fuere impuesta.
Os ofrezco, Señor, mi vida,
mis obras, y trabajos
en satisfacción de
todos mis pecados
y así como os suplico,
así confío en vuestra
divina bondad y
misericordia infinita
que me perdonaréis
por los méritos
de Vuestra Pasión y muerte
y me daréis gracia para
enmendarme y perseverar
en Vuestro santo servicio
hasta el fin de mi vida, Amén.
Santísimo Infante Jesús,
verdadero Dios y Hombre,
Nuestro Salvador y Redentor,
con toda solicitud y respeto
os suplicamos por esa caridad,
humildad, y bondad que demostrasteis
en Vuestra infancia,
que os dignéis concedernos
el favor que ahora os rogamos,
si es para el honor de Dios
y nuestra salvación.

*(Aquí cada uno suplica en
espíritu el favor particular
que quiera obtener.)*

Aquí se rezan nueve Ave Marías:

DUEÑOS DE LAS POSADAS:

Dios te salve, María,
El Señor es contigo.
Bendita eres entre
todas las mujeres
y bendito es el fruto
de tu vientre, Jesús.

with the penance
given to me.
I offer You, Lord, my life,
my toil, and my labor
as compensation for
all my sins
and even as I implore You,
I trust in Your
divine goodness and
infinite mercy
that You will forgive
me through the merits
of Your Passion and death
and that You will give me the grace
to mend my ways and to remain
in Your holy service
until the end of my life, Amen.
Most Holy Child Jesus,
true God and Man,
our Savior and Redeemer,
with all solicitude and respect
we implore that charity, humility,
and goodness that You showed
in your infancy,
that You will grant us
the favor that we so desire,
if it be for the honor of God
and for our salvation.

*(Here everyone in silence asks
for the favor nearest his heart.)*

*Here everyone prays nine
Hail Marys:*

HOSTS OF LAS POSADAS:

Hail Mary, full of grace,
the Lord is with thee.
Blessed art thou
among women
and blessed is the fruit
of your womb, Jesus.

TODOS:	**ALL:**
Santa María,	Holy Mary,
Madre de Dios,	Mother of God,
ruega por nosotros pecadores	pray for us sinners
ahora y en la hora	now and at the hour
de nuestra muerte, Amén.	of our death, Amen.

Todos juntos:	*All Together:*
Amabilísimo Infante Jesús,	Most belovèd Child Jesus,
somos indignísimos	we are unworthy
de ser oídos en ésta,	of being heard in this,
nuestra petición, pero	our petition, but
nuestra Santa Madre María	our Holy Mother Mary
y el gran Señor San José,	and great Saint Joseph,

nuestro padre putativo,	our foster father,
mientras en la tierra	while on earth,
son dignos de ser oídos,	were worthy to be heard,
solicitando en nuestro favor.	imploring on our behalf.
Os suplicamos pues,	We implore you therefore,
Oh Divino Niño,	Oh Divine Child,
por Vuestros méritos	by Your most sublime
más sublimes, especialmente	merits, especially
los que acudieron en	those which aided
Vuestra infancia en Belén,	Your infancy in Bethlehem
y Vuestra huida a Egipto	and Your flight into Egypt
y Vuestra niñez en Nazaret,	and Your youth in Nazareth,
conceded nuestro ruego,	hear our plea
y dadnos la gracia de	and grant us the grace to
promover el honor de	proclaim the honor of

NO ROOM AT THE INN

Vuestra infancia omnipotente,	Your omnipotent infancy
serviros con fidelidad	so as to serve You with fidelity
todos los días de nuestras vidas,	all of the days of our lives,
y obtener una muerte dichosa,	to secure a blessed death,
asistidos en aquella postrera	aided in that final hour
por la Virgen Santísima	by the Most Holy Virgin,
y el Señor San José cuyo celo	and Lord Saint Joseph whose zeal
por Vuestro honor nos llevará	for Your divine honor will carry us
a alabar y bendecir	to praise and bless
Vuestras divinas misericordias	Your divine mercies
por todos los siglos de los siglos,	forever and ever,
Amén.	Amen.

ORADOR:

Señor, ten piedad de nosotros.

TODOS:

Señor, ten piedad de nosotros.

ORADOR:

Jesucristo, óyenos.

TODOS:

Jesucristo, óyenos.

ORADOR:

Jesucristo, escúchanos.

TODOS:

Jesucristo, escúchanos.

*Para todo lo siguiente,
la respuesta es:*

Ten piedad de nosotros.

ORADOR:

-Dios Padre Celestial
-Dios Espíritu Santo
-Santísima Trinidad
que eres un sólo Dios
-Infante Jesucristo
-Infante Verdadero Dios

ORATOR:

Lord, have mercy on us.

ALL:

Lord, have mercy on us.

ORATOR:

Jesus Christ, hear us.

ALL:

Jesus Christ, hear us.

ORATOR:

Jesus Christ, listen to us.

ALL:

Jesus Christ, listen to us.

*For each of the following,
the response is:*

Have mercy on us.

ORATOR:

-God the Heavenly Father
-God the Holy Spirit
-Most Holy Trinity
who art but one God
-Infant Jesus Christ
-True Infant God

-Infante Hijo de la Virgen María	-Infant Son of the Virgin Mary
-Infante fuerte en la debilidad	-Infant powerful in weakness
-Infante poderoso en la ternura	-Infant powerful in tenderness
-Infante fuente de amor	-Infant source of love
-Infante renovador de los cielos	-Infant restorer of Heaven
-Infante reparador de la tierra	-Infant healer of Earth
-Infante cabeza de los ángeles	-Infant king of the angels
-Infante raíz de los patriarcas	-Infant root of the patriarchs
-Infante palabra de los profetas	-Infant word of the prophets
-Infante deseo de los gentiles	-Infant hope of the Gentiles
-Infante luz de los magos	-Infant light of the Magi
-Infante salvación de los justos	-Infant salvation of the just
-Infante instructor de los sabios	-Infant teacher of the wise
-Infante primer fruto	-Infant first fruit
de todos los santos	of all the saints

ORADOR:

-Sednos propicio.

TODOS:

-Escúchanos, Oh Infante Jesús.

ORADOR:

-Sednos propicio.

TODOS:

-Perdónanos, Oh Infante Jesús.

*Para todo lo siguiente,
la respuesta es:*

Líbranos, Oh Infante Jesús
-De la esclavitud del demonio
-De la malicia del mundo
-Del orgullo de la vida
-Del deseo desordenador del saber
-De las sequedades del espíritu
-De toda mala voluntad
-De nuestros pecados
-De la esclavitud de
los hijos de Adán

ORATOR:

-Be favorable.

ALL:

-Hear us, Oh Infant Jesus.

ORATOR:

-Be favorable.

ALL:

-Forgive us, Oh Infant Jesus.

*For each of the following,
the response is:*

Free us, Oh Infant Jesus
-From slavery to the Evil One
-From the wickedness of the world
-From the pride of life
-From the inordinate desire to know
-From spiritual aridity
-From evil intents
-From our sins
-From the slavery of
the children of Adam

Para todo lo siguiente,	*For each of the following,*
la respuesta es:	*the response is:*

Escúchanos, Oh Infante Jesús	Listen to us, Oh Infant Jesus
-Por Vuestra purísima concepción	-By your purest conception
-Por Vuestra humildísima natividad	-By your most humble birth
-Por Vuestras lágrimas	-By your tears
-Por Vuestra penosísima circuncisión	-By your painful circumcision
-Por Vuestra piadosísima presentación	-By your most merciful presentation
-Por Vuestra gloriosísima manifestación	-By your glorious manifestation
-Por Vuestra inocentísima conversación	-By your most innocent conversation
-Por Vuestra divinísima vida	-By your most divine life
-Por Vuestra pobreza	-By your poverty
-Por Vuestros tantos sufrimientos	-By Your many sufferings
-Por Vuestros trabajos y viajes	-By your toils and labors

ORADOR:	**ORATOR:**
Cordero de Dios que quitas los pecados del mundo,	-Lamb of God who takes away the sins of the world,
TODOS:	**ALL:**
-Perdónanos, Oh Infante Jesús.	-Forgive us, Oh Infant Jesus.
ORADOR:	**ORATOR:**
Cordero de Dios que quitas los pecados del mundo,	-Lamb of God who takes away the sins of the world,

Todos:

-Escúchanos, Oh Infante Jesús.

Orador:

Cordero de Dios que quitas
los pecados del mundo,

Todos:

-Ten piedad de nosotros,
Oh Infante Jesús.

Oh Infante Jesús,
que por nuestro amor
os dignasteis reducir
vuestra encarnada humanidad
al estado humillante
del nacimiento e infancia,
concédenos que reconociendo
Vuestra infinita sabiduría
en la infancia,
Vuestro poder en la debilidad,
y Vuestra majestad en la pequeñez,
os adoremos pequeño en la tierra,
y grande en el cielo,
Vos que vives y reinas
con Dios Padre en unidad
del Espíritu Santo
por todos los siglos de los siglos,
Amén.

Noche primera

Esta noche comenzaremos
la canastilla del Niño Dios.
Esta noche haremos la camisita.
Ésta será cinco Padre Nuestros
y cinco Ave Marías
por la intención del Santo Padre.
Mañana nos privaremos
de fruta y dulces.

All:

-Listen to us, Oh Infant Jesus.

Orator:

-Lamb of God who takes away
the sins of the world,

All:

-Have pity on us,
Oh Infant Jesus.

Oh Infant Jesus
who for love of us
didst become the
Word made Flesh
humbling Yourself
through birth and infancy,
grant that by our recognition
of your infinite wisdom
in infancy,
your strength in weakness
and Your majesty in youth,
we may adore You small on Earth
and great in Heaven,
You who live and reign
in unity with the Father
and the Holy Spirit
forever and ever,
Amen.

First Night

Tonight we will begin
a basket for the Infant God.
Tonight we will make His little shirt.
This will be five Our Fathers
and five Hail Marys
for the intentions of the Holy Father.
Tomorrow we will not eat
fruit nor sweets.

Noche segunda	*Second Night*
Seguiremos haciendo la ropita del Niño Dios. Esta noche haremos los pañalitos del Santo Niño. Mañana haremos un acto de fe, de esperanza, de caridad, y de contrición tres veces durante el día.	We will continue to make the clothing for the Infant God. Tonight we will make the diapers of the Holy Baby. Tomorrow we will make an act of faith, hope, charity and an act of contrition three times during the day.
Noche tercera	*Third Night*
Esta noche haremos el pañito de la cabeza. Mañana daremos a un pobre una limosna.	Tonight we will make the baby bonnet. Tomorrow we will give alms to the poor.
Noche cuarta	*Fourth Night*
Esta noche haremos las mantillas. Mañana diremos un rosario durante el día.	Tonight we will make the little mittens. Tomorrow we will pray the rosary during the day.
Noche quinta	*Fifth Night*
Esta noche haremos el fajerito.	Tonight we will make the swaddling clothes.

| Mañana no hablaremos | Tomorrow we will not speak |
| mal de nadie y bien de todos. | ill of anyone and well of everyone. |

Noche sexta

Sixth Night

Esta noche haremos	Tonight we will make
los dijes para el fajerito.	the pins for the swaddling clothes.
Mañana haremos una visita	Tomorrow we will make a visit
al Santísimo Sacramento.	to the Blessed Sacrament.

Noche séptima

Seventh Night

Esta noche haremos	Tonight we will make
la almohadita para el Niño Jesús.	a little pillow for the Infant Jesus.
Mañana rezaremos un misterio	Tomorrow we will pray a mystery
del rosario y tres sudarios	of the rosary and three prayers
por las ánimas benditas.	for the souls of Purgatory.

Noche octava

Eighth Night

Esta noche haremos	Tonight we will make
una zaleíta para el Niño Dios.	the coverlet for the Infant God.
Mañana nos privaremos	Tomorrow we will
de comer el postre	not eat our dessert
después de la comida.	after the meal.

Noche novena

Ninth Night

Esta noche haremos	Tonight we will make
la cuna para el Niño Dios.	the cradle for the Infant God.
Mañana,	Tomorrow,
la Nochebuena,	during the Christmas Eve Mass,
recebiremos la Santa Comunión.	we will receive Holy Communion.

Ceremonia de Compadrismo:

Ceremony of Co-Parentship

(José, María y los dueños de la casa se toman del dedito y recitan lo siguiente:)

(Joseph, Mary and the owners of the house take each other by their pinkies and recite the following:)

Carretita, Carretón,	It was meant right from the start,
Con agujero y sin tapón,	With no stopper, flowing out,
El que se vale a la comadre	We are now kin, this we shout:

O al compadre,
Y luego se desvale,
Se le parte el corazón.

(Ahora, para siempre se han de reconocer en público como compadres.)

Vamos todos a Belén

Vamos todos a Belén
Con amor y gozo.
Adoremos al Señor,
Nuestro Redentor.
La noche fue día,
Un ángel bajó,
Nadando entre luces,
Y así nos habló.
Felices pastores,
La dicha triunfó.
El Cielo se rasga,
La vida nació.

Fin

One sole team with one sole cart.
If from this vow we depart,
It would shatter our poor heart.

(From now on, whenever they see each other in public, they are to greet each other as compadres.)

Let us go to Bethlehem

Let us go to Bethlehem,
With love and rejoicing.
We shall worship the Lord here,
Our Redeemer dear.
Night was bright as daytime,
When the angel came,
Hidden in the brightness,
He sped to proclaim.
Happiest of shepherds,
Goodness has won out,
Heaven's torn asunder,
New life's all about.

The End

Los pastores

The Second Shepherd's Play

Introducción

¿Cuántos de nosotros recordamos los días de más antes cuando íbamos a Misa y todo era en latín y el sacerdote pasaba todo su tiempo mumurando cosas místicas y dándonos la espalda? En aquellos días íbamos a Misa más por obligación, pero no porque entendíamos los misterios de nuestra fe. En medio de todo aquello, el sacerdote de repente elevaba la hostia y proclamaba solemnemente en latín: "Hoc est enim corpus meum" (Éste es mi cuerpo). Sepa Dios qué diría. Venimos a conocer esta porción de la Misa como el "hocus-pocus." Y así pasaron los años sin que nadie nos explicase los misterios de nuestra fe en un modo que comprendiéramos. No fue hasta que la Iglesia comenzó a presentar sus dramas cíclicos que comenzamos a comprender las sagradas escrituras un poco. En el escuchar atentamente los diálogos de los personajes en los dramas, poco a poco venimos a comprender cómo se manifestaba nuestra fe en nuestras vidas diarias.

A la Iglesia Católica se le tiene que dar mucho crédito por haber introducido estos dramas cíclicos para, como se dice, "ver la palabra hecha carne." Antes de la Misa del Gallo todos se sentaban muy quietecitos porque se oían voces de afuera de la iglesia que venían cantando. Se abrían las puertas y entraba la figura de San Miguel Arcángel guiando a los pastores. Todos hacían una doble fila, con los pastores más importantes más cercanos a San Miguel. Primero entraban Bato y Tubal. Después venían Gil y Lipio y también Bacirio y Cojo. Todos cargaban cayados muy decorados con flores, listones, y oropel. Por fin entraba la figura de la Gilita. Ella era la pastorcita, personificación de la pureza, que solía vestirse toda en blanco.

Las dos figuras más lejanas de San Miguel eran el Hermitaño y Bartolo. El Hermitaño representaba a los hombres que buscan la santidad pero que son tentados por las riquezas que ofrece el mundo. Bartolo representa a todos aquellos perezozos que no quieren hacer ningún esfuerzo en esta vida, al menos que les paguen, aunque no lo merezcan.

Al principio del drama, todos los pastores entran cantando y así revelan quienes son. Se recogen para cenar y dormir. Cantan algunas canciones mientras que la Gila hace de cenar. Pues, parece que todo está bien y todos se recogen por la noche, a la excepción de Lipio y Tubal, quienes tienen que velar los ganados. De repente,-¡Ave María Purísima!-se aparece el Espíritu Malo entre ellos. Él quiere tratar de confundirlos para que no sepan que ha nacido el Niño Jesús. El Espíritu Malo trata de engañar tanto a los pastores como a la gente a través del drama. En cuanto lo ven venir, todos le ponen las cruces para que se retire. El Diablo tiene unos largos discursos que son aún menos inteligibles que el latín de los sacerdotes. Sus palabras están repletas de alusiones mitológicas y bíblicas, y gongorismos también.

Alguna gente se pregunta al ver al Espíritu Malo, "¿Por qué tiene que

Introduction

How many of us remember days in times gone by when we would go to Mass and everything was in Latin and the priest would spend all of his time in mystic mummery and with his back turned to us? In those days we would go to Mass by sheer obligation, but not because we really understood the mysteries of our faith. In the middle of it all, the priest would suddenly raise the holy wafer and proclaim solemnly in Latin: "Hoc est enim corpus meum" (This is my body). God only knew what he said. We came to know this portion of the Mass as the "hocus-pocus." And so the years went by without anyone really explaining the articles of our faith to us in a jargon that we could well understand. It wasn't until the cyclical church dramas began to be presented that we began to recognize holy writ a little. By carefully listening to the dialogues of the characters in the folk dramas, by slow degrees we came to understand just how our faith was manifested in our daily lives.

The Catholic Church must be recognized however, for introducing these cyclical plays in order to, as the saying goes, "see the Word made Flesh." Just before Midnight Mass on Christmas Eve the village would gather quietly as they listened to voices singing from outside the church. The door would be flung open and in would come the figure of St. Michael the Archangel leading the shepherds. All would enter in double file, with the most important shepherds closest to Saint Michael. First would come Bato and Tubal. Gil and Lipio were next, followed by Bacirio and Cojo. All bore shepherds' crooks decorated with flowers, ribbons, and tinfoil. Next came the figure of Gilita. She was the shepherdess who, in the spirit of purity, would be clad all in white.

The last two figures, farthest from Saint Michael, were Hermitaño and Bartolo. Hermitaño represented the universal man who seeks sanctity, but is led astray by the riches that the world offers. Bartolo represents all lazy men who don't even want to make a solitary effort at work, but who expect payment, although undeserved.

At the start of the folk play, all of the shepherds enter singing and thus reveal their identities. They gather to sup and sleep. They sing while Gila prepares the evening meal. Thus, it seems that all is well and they all lie down for the night. Only Lipio and Tubal keep watch over the flocks by night. Suddenly,-Saints preserve us!-the Evil One appears among them. He is going to try to confound them so that they will not know of the birth of the Baby Jesus. The Evil One tries to trick both the shepherds and the audience throughout the play. As soon as he is seen approaching, the audience holds up the sign of the cross in order to drive him back. The Devil has incredibly long lines that are even less intelligible than the Latin used by the priests. His words are laced with mythological and biblical allusions as well as allusions to the poet Góngora.

andar el Diablo allí entre los pastores?" La respuesta, naturalmente, es que aún entre los asuntos más sagrados de nuestras vidas anda la Cosa Mala queriendo derrotar y perturbar.

A través del drama, Luzbel tenta al Hermitaño, seduciéndolo con suave lógica para que se lleve a la Gila. Le dice: "¿De qué te sirve esa cruz y ese rosario . . . ?" Para el que lo sabe, la pregunta es ésta: ¿Cómo puede traer el Hermitaño una cruz, siendo que todavía Jesús ni nace, cuanto más muere? Todavía no ha nacido Santo Domingo quien fundó el rosario. La respuesta es que estas dos cosas son anacrónicas; existen fuera del tiempo ordinario. Siendo que es un drama metafórico del conflicto entre el bien y el mal, y tiene significado para el cristiano que lo observa, tiene perfecto sentido.

El Hermitaño, tratando de mortificarse por faltas suyas, se queda velando en la noche. De repente oye un cantar muy peregrino. Piensa que es el hermano Tubal que está cantando allá en el campo. En eso llegan Lipio y Tubal proclamando las albricias que anunciaron los ángeles. En inglés, esta pastorela se llama "The Second Shepherd's Play," por ser el segundo pastor, Tubal, quien trae las noticias más sublimes al mero punto del climax del drama.

Por fin, después de una breve batalla, San Miguel vence al Diablo y lo ata por mil años. Consuela a los pastores con palabras suaves y entonces ellos comienzan a prevenir rústicos regalos para llevarle al Niño Dios. Todos tienen mucho ánimo en partir para Belén, menos Bartolo que prefiere quedarse echado en su camita dormido. A través de trovos chistosos, por fin lo convencen y todos van al establo donde adoran al Niñito Dios. San Miguel mata a Luzbel y todo se acaba con bien.

Hay varios manuscritos de la pastorela existentes en muchas partes de Nuevo México y en otros estados del Sudoeste americano. Si comparamos estos manuscritos con los manuscritos peninsulares de España, hallaremos algunas diferencias prominentes. Luzbel, por ejemplo, tiene a sus auxiliadores Satanás y sus satélitas. Declara guerra contra la Virgen María. Esta escena se ha delegado a otro drama aquí llamado *El coloquio de San José*. El grito de "¡Alarma!" que pronuncia Luzbel halla su eco en el drama de *Los moros y los cristianos* aquí. El papel del perezozo Bartolo, en el manuscrito peninsular es delegado al personaje de Borrego y el de la Gila, a Eliseta. En ese manuscrito suele que Eliseta y Borrego están comprometidos y alegan como si ya estuviesen casados. El papel del Hermitaño lo hace un personaje llamado Laureano. Laureano lamenta de que no sea rico como Borrego para poder él también pedir a Eliseta como esposa. Aún José, quien está a punto de casarse, es sospechado por Borrego como pretendiente de Eliseta. Con tanto pretendiente, Eliseta/Gila es una reflección de la Virgen María como se ve en *El coloquio de San José*. Nomás el personaje de Bato aparece en ambos manuscritos peninsulares y nuevo mexicanos. Para el que sabe los versos, las comparaciones que se pueden hallar son muchas.

Many in the audience often ask upon seeing the Evil One, "Why must the Devil be among the shepherds?" The answer, naturally, is that even among the holiest rites in our lives there is always an Evil Spirit which tries to disrupt and undo.

As the play continues, Lucifer tempts Hermitaño, seducing him with his smooth logic so that he will steal away Gilita. He says: "What need have you of that cross and that rosary?" For those versed in such matters, the obvious question is this: "How can the hermit have a cross since Jesus hasn't even been born, let alone died on it? Saint Dominic has yet to be born and so the rosary hasn't been invented yet. The answer is that both of these objects are anachronistic; they exist out of ordinary time. Since the play is a metaphorical one based on the struggle between good and evil, it makes perfect sense to the Christian who is watching it.

Hermitaño, trying to atone for his shortcomings, keeps watch by night. Suddenly, he hears an exquisite song of joy. He believes that brother Tubal is singing in the fields. Just then Lipio and Tubal rush in, proclaiming the good tidings told to them by the angels. In English, this play is called "The Second Shepherd's Play," for the second shepherd, Tubal, brings in the great tidings at the very climax of the action.

Finally, after a brief struggle, Saint Michael vanquishes the Devil and binds him for a thousand years. He conforts the shepherds with smooth words and they begin to prepare rustic gifts to take to the Infant God. They are all eager to go to Bethlehem save for Bartolo, who prefers to stay in bed. By use of hilarious parody, they convince him to go worship the Infant God. Saint Michael kills Lucifer and all ends well.

There are many manuscripts of the pastoral play in many parts of New Mexico and in other states of the American Southwest. If we compare these manuscripts with the peninsular manuscripts from Spain, we will note some prominent differences. Lucifer, for example, has Satan as his helper as well as a whole fleet of devils. He declares war on the Virgin Mary, in a scene transferred to another New Mexico folk play called *The Colloquy of Saint Joseph*. The cry of "Alarm!" pronounced by Lucifer finds its echo in another drama here, titled *The Christians and the Moors*. The role of Bartolo is delegated in the peninsular script to Borrego and that of Gila, to Eliseta. In that manuscript it seems that Borrego and Eliseta are (unwillingly) engaged and, as such, argue constantly like a married couple. The role of Hermitaño is relegated to a character named Laureano. Laureano laments the fact that he is not rich like Borrego and therefore not able to woo Eliseta. Even Saint Joseph, who is at the point of being married, is suspected by Borrego as a possible rival for the hand of Eliseta. With so many suitors, Eliseta/Gila becomes a reflection of the Virgin Mary as portrayed in *The Colloquy of Saint Joseph*. Only the character of Bato remains constant in both the peninsular and New

Por muchos años, un hombre de talento fenomenal dirigió el drama de *Los pastores* en mi valle natal de Arroyo Seco. Se llamaba Don Juan Tenorio. En este siglo, *Los pastores*, como los otros dramas cíclicos, se fue desapareciendo poco a poco. Tal vez sería por el advenimiento de la Primera Guerra Mundial, la Segunda Guerra Mundial, la Guerra de Korea, la Guerra de Vietnam, la Guerra de Iraq, y en fin. Los hombres que solían hacer los papeles de los varios personajes se fueron, y los dramas casi quedaron olvidados.

Cuando decidí en 1984 que me iba a quedar en el valle de Arroyo Seco por el resto de mi vida, comenzé a revivir los antiguos dramas. El manuscrito aquí, lo redacté del original y ha sido presentado varias veces. Ojalá les guste.

Mexico manuscripts. For one versed in the dialogues, the comparisons that can be made are endless.

For many years, a man of phenomenal talent directed the play of *Los pastores* in my native village of Arroyo Seco. His name was Don Juan Tenorio. In this century, *Los pastores*, as well as all the other cyclical dramas, slowly but surely disappeared. Perhaps the advent of World War I, World War II, the Korean War, the Vietnam War, and the Gulf Crisis had something to do with the great decline. The men who used to memorize the lines left, and the dramas were almost forgotten.

When, in 1984, I decided that I was to remain in my home village for the rest of my life, I began to revive the ancient dramas there. The manuscript presented here is my own adaptation of the original and has been presented many times. I hope you will enjoy it.

THE SECOND SHEPHERD'S PLAY

Los pastores

De la Real Jerusalén,
Sale una estrella brillando,
Que a los pastores va guiando,
Para el portal de Belén.
Que a los pastores va guiando,
Para el portal de Belén.
Venid, pastores sencillos,
Con sus crecidos anhelos,
A ver al Recién Nacido,
Entre la escarcha y el hielo,
A ver al Recién Nacido,
Entre la escarcha y el hielo.
El que con finos amores

The Second Shepherd's Play

A great star, the dark way lighting,
From Jerusalem is shining,
And toward Bethlehem inviting,
The meek shepherds it is guiding,
And toward Bethlehem inviting,
The meek shepherds it is guiding.
Come, ye shepherds, He is born,
The dear Baby in the manger,
On this frosty Christmas morn,
But beware of hidden danger,
On this frosty Christmas morn,
But beware of hidden danger.
He whose heart is pure and holy,

Y sencillo corazón,
Virtió la sangre en la Cruz,
Por la humana redención.
Virtió la sangre en la Cruz,
Por la humana redención.

BATO:

Hermanos pastores,
Hermanos queridos,
Vamos caminando,

And who guides us from above,
He who shed his blood for us,
Through his own eternal love,
He who shed his blood for us,
Through his own eternal love.

BATO:

Brother shepherds hasten
Through this little hollow,
Let us take this byway,

Por nuestros caminos.
Vamos caminando,
Por nuestros caminos.

TUBAL:

Vamos poco a poco,
Llevando el ganado.
No se desanimen.
Ya vamos llegando.
No se desanimen.
Ya vamos llegando.

Brother shepherds, follow.
Let us take this byway,
Brother shepherds, follow.

TUBAL:

Let us go together,
Our small flock we're guiding,
Do not be disheartened,
We'll soon be arriving.
Do not be disheartened,
We'll soon be arriving.

GIL:

Camina, Gilita,
Que vendrás cansada.
Al pie de esa sierra,
Haremos morada.
Al pie de esa sierra,
Haremos morada.

LIPIO:

Anda un lobo fiero,
Muy encarnizado.
No haga algún destrozo
En nuestros ganados.
No haga algún destrozo
En nuestros ganados.

GIL:

Just a few more paces,
Don't despair, Gilita,
We will set up camp there,
On that bright *sierrita*.
We will set up camp there,
On that bright *sierrita*.

LIPIO:

A fierce wolf, so hungry,
Our poor flock is stalking,
Let us guard against him,
Brothers, keep on walking.
Let us guard against him,
Brothers, keep on walking.

THE SECOND SHEPHERD'S PLAY

HERMITAÑO:

Y los corderitos,
Que atrás se han quedado,
Échenlos al hombro,
Y arreando el ganado.
Échenlos al hombro,
Y arreando el ganado.

COJO Y BACIRIO:

Y los más chiquitos,
Que atrás se han quedado,
Váyanlos alzando,
Mientras que llegamos.
Váyanlos alzando,
Mientras que llegamos.

BARTOLO:

Al pie de esa sierra,
Haremos morada,
Mientras que la Gila,
Descansa sentada,
Mientras que la Gila,
Descansa sentada.

TODOS:

Y pues ya llegamos,
Con gusto y placer,
A ver a Jesús,
María y José,
A ver a Jesús,
María y José.

BATO:

Hermanos, ¿no sería bueno
Que aquí entre estos verdes ramos
Paremos esta noche
A que duerman los ganados?

TODOS:

¡Sí, sí, dice bien!
Está muy bien.

HERMITAÑO:

Little lambs are lagging,
Far behind abiding,
Put them on your shoulders,
As the flocks you're driving,
Put them on your shoulders,
As the flocks you're driving.

COJO AND BACIRIO:

Don't forget the children,
Help us stay together,
Like the lambs which tire,
In this frosty weather,
Like the lambs which tire,
In this frosty weather.

BARTOLO:

On that holy mountain,
We'll camp with the best,
While that lazy Gila,
Gets her beauty rest,
While that lazy Gila,
Gets her beauty rest.

ALL:

At long last arriving,
This hollow does please us,
As we wait for Mary,
Joseph and for Jesus,
As we wait for Mary,
Joseph and for Jesus.

BATO:

Reflect, my dear brothers,
Among these green stalks,
Let's pause during nightfall,
To rest our small flocks.

ALL:

Yes, yes, that is perfect.
We like how he talks.

BATO:

Entiendo que cada uno
Ha de atender a su oficio.
Gil, véte a la sierra a leñar,
Que esta noche ha de hacer frío.
Lipio y Tubal, que se vayan por aquí
Mientras que yo voy punteando.
Bartolo, quédate aquí, a la Gila ,
    acompañando
Atizándole a la lumbre y trayendo lo
    necesario.

BATO:

We each know our duty,
Without being told,
Gil must fetch the kindling,
This night grows so cold.
Lipio and Tubal watch,
I'll strum and I'll play,
Bartolo, help Gila,

With cooking today.

BARTOLO:

Yo no entro en esos bullicios,
Porque yo no soy de la cuenta,
Porque vengo muy cansado,
Y traigo mucha flojera.
Y así, Bartolito,
Vamos a dormir mientras que
Hay cama y si me duermo,
Me recordará la Gila.

BARTOLO:

Is this what I came for?
For that, I was hired?
I feel more like resting;
I'm ever so tired.
And so, Bartolito,
Let's rest while we can,
No doubt that ole Gila,
Will wake us again.

GILA:

En ese cuidado te quedas.
Véte a dormir,
Entendiendo que si
Te quedas dormido,
Ni una sopa has de probar
Por flojo y desacomedido.

GILA:

You think you're so clever,
But are you correct?
Go back to your snoozing,
But should I forget,
You'd then miss your supper,
To my deep regret.

BATO:

Ya no se puede sufrir
La nieve que cae, hermanos.

GIL:

Hay muchos lobos, amigos,
Que nos causan el mayor enfado.

LÉPIDO:

Date prisa con la cena,
Que tenemos mucha hambre.

GILA:

No empieces con tus violencias,
Que ya me estoy apurando.

BATO:

Niña, que canten un poco
Mientras que tú haces la cena.

GILA:

Yo no sé nada de eso.
Canten ustedes.
Toma, Gil, el guaje.
Tú, Tubal, la vihuela.
Todos juntos en una voz,
Vamos siguiendo la letra:

LIPIO:

Cielo Soberano,
Tenednos piedad,
Que ya no sufrimos
La nieve que cae.
Las estrellas vuelan,
Y luego se paran,
Y absortas quedan,
De ver tanta nieve.
Las ovejas balan.
Los corderos gritan,
Temblando de frío,
Se están paraditos.
Lástima de verlos,

BATO:

This snow is so piercing.
It's hard to abide.

GIL:

And wolves are all over,
Right here at our side.

LÉPIDO:

Are you not yet finished?
I'd sure like to sup.

GILA:

Please quit your complaining.
I'm hurrying up.

BATO:

Perhaps while we're waiting,
A song might be good.

GILA:

Please sing on without me,
While I make the food.
For Gil, here's the rattle,
Tubal, the guitar,
Together in chorus,
Just sing where you are.

LIPIO:

Sovereign Heavens, help us,
For sweet pity's sake,
We, this snow that's falling,
Can no longer take.
Shooting stars are watching,
This white winter flurry.
By flakes fascinated,
They no longer worry.
All the ewes are bleating.
The lambs cry together,
From the cold they shiver,
In inclement weather.
Such sadness to witness,

A los pobrecitos,	Little lambkin cries,
De ver tanta nieve,	Trembling in the snow drifts,
Que el cielo destila.	Under winter skies.
Los llaman sus madres,	Mother sheep are calling,
Y ellos se detienen,	Little lambs are chosen,
Por no dar un paso,	But they won't stir near them,
Sobre tanta nieve.	O'er the ground so frozen.

GILA:

Bueno, ya está la cena,
Vengan todos a cenar.

GILA:

Our supper is ready,
Come forth with your plate.

TODOS:

¡M-m,-m,-m,-m,-m!

ALL:

M-m-m-m-m-m-!

TUBAL:

¡Yo quiero leche, nomás!

TUBAL:

I only want goat milk.

GIL:

¡Estas migajitas quiero yo!

GIL:

These crumbs taste just great!

LIPIO:

¡El atole es de mi agrado!

LIPIO:

Atole's sheer heaven!

BACIRIO:

¡Yo quiero tortilla!

BACIRIO:

Tortilla, best said!

COJO:

¡No hay como los frijolitos
Para calentar la cama!

COJO:

But what, like frijoles,
Can warm up the bed?

THE SECOND SHEPHERD'S PLAY

BARTOLO:

En todo soy muy violento,
Y en el comer, mucho más.

GILA:

En todo eres tú violento,
Menos en el trabajar.
En el comer y dormir,
Ninguno te ha de ganar.

BARTOLO:

Ay, ¡mujer de Barrabás!
¿Por qué me haces tan gran mal?
¿Por qué estás tan enojada,
Que no me das de cenar?

GILA:

Porque tú eres un tonto,
Muy simple, y muy perezozo.

BARTOLO:

Soy, mi alma, lo que quieras.
Ya no me regañes más.

HERMITAÑO:

La paz de Dios os bendiga,
Y ya basta de tanto pelear.

BARTOLO:

Ya no hay nada, Padre Nuestro.

TODOS:

¡Amén!

GILA:

Padre Nuestro, ya no hay nada.

HERMITAÑO:

Pero hubo, y está habiendo.

BATO:

Y nuestro hermano Bartolo,
¿Por qué no viene a cenar?

BARTOLO:

I've violent manners,
At hunger and thirst.

GILA:

But not when you're working,
With that, you are cursed.
At eating or sleeping,
Now there, you come first.

BARTOLO:

You, wife of Barabas,
What wrong have I done?
You keep me from eating,
Before I've begun.

GILA:

You're stupid and simple;
A fat, lazy bore.

BARTOLO:

I do it to please you.
Now scold me no more.

HERMITAÑO:

Let's quit all this squabbling.
God's peace on all men.

BARTOLO:

It's all gone, Our Father.

ALL:

We all say "Amen."

GILA:

Our Father, there's none left.

HERMITAÑO:

But there used to be.

BATO:

But why won't Bartolo,
Come sup here with thee?

GILA:

Por flojo y desacomedido,
No lo quize despertar.

BARTOLO:

Ay flojera, ¡cuánto pesas,
Que no te puedo aguantar!
Aquí estoy, Gilita,
Dame siquiera un tamal.

GILA:

A buena hora has venido,
Cuando no hay que darte ya.

BARTOLO:

No empieces con eso, Gilita,
Eso es poca caridad.
Échame, aunque sea rodando,
Unos tamales pa'cá.

GILA:

¡Toma! Lambe esta cuchara,
Porque no has de recibir más.

BARTOLO:

Si ya tomaron un trago,
Echen la bota pa'cá,
Que quizás con un traguito,
Pueda este frío aguantar.

BATO:

Si ya acabaron de cenar,
Vaya cada uno mirando,
Donde se puede acostar.
A dar vuelta a los ganados,
Que vayan Lipio y Tubal, advirtiendo
Que si sienten algún ruido por allá,
Antes que haya algún perjuicio,
Nos vengan a despertar.

LIPIO Y TUBAL:

¿Lipio y Tubal?
¿Por qué siempre Lipio y Tubal?!

GILA:

He's slothful and scattered,
And wouldn't awaken.

BARTOLO:

But Sloth's my companion,
My dance card is taken.
I'd love a tamale,
So Gila, please make one.

GILA:

Your timing is perfect.
We'll just have to fake one.

BARTOLO:

Such harsh words, Gilita,
Sweet charity, please!
Just roll some tamales,
Right here by my feet.

GILA:

This spoon's all you're getting,
So lick it and cease!

BARTOLO:

If you're all done drinking,
From wineskin so pure,
Then give me a swallow,
This cold to endure.

BATO:

If you're all done eating,
And ready to sleep,
You might choose a corner,
While two guard the sheep;
Let Lipio and Tubal now,
Go take the first round
And come back to warn us,
If dangers abound.

LIPIO AND TUBAL:

We always get summonded,
While you all sleep sound.

THE SECOND SHEPHERD'S PLAY

LIPIO:

Véte tu por ese lado.
Yo me iré por aquí.

TUBAL:

Si acaso hay algo,
Esta flauta será la seña.

HERMITAÑO:

Entre tanto que descansan
Los pastores acostados,
Quiero repasar poco a poco,
Las cuentas de mi rosario.
Hinco la rodilla en tierra,
Y puestos en cruz los brazos,
Digo así: Líbranos, Señor,
De los que nos hacen daño.
Ay, qué sueño tan profundo
Me ha llegado en este rato.
¿Podré seguir rezando
Lo que resta del rosario . . . ?
Padre Nuestro . . . por encima . . .

BARTOLO:

¡Pero no por encima de mí!

Letra 1

Despierta, pobre infeliz,
No duermas porque el pecado

Quiere hacerte desgraciado,

Y de feliz a infeliz.

LUZBEL:

Ay, ¡infiernos, mira qué tirano
Me has puesto en penas tan cruel!
Ay, ¡mira en qué tormentos se halla
El Príncipe Lucifer!
Yo, para dar batalla al hombre,
Llamaré a todos los infiernos:

LIPIO:

I'll keep my eyes open,
While you take the flute.

TUBAL:

And should there be danger,
I'll give a strong toot.

HERMITAÑO:

While these weary shepherds
All rest from their deeds,
I'll pray for salvation
On rosary beads.
Outstretched in this posture:
A cross with my arms,
"Deliver us, Savior,
From all of life's harms."
But I'm very sleepy,
Profoundly beset.
Can I finish praying,
Before I forget?
Our Father . . . daily bread . . .

BARTOLO:

Over someone else instead!

Chorus 1

Stay awake, unknowing soul,
Do not slumber because there's
     danger,
Set on keeping you from the
     manger,
And from reaching your holy goal.

LUCIFER:

By all Pandemonium,
The torments of Hell,
I, Lucifer, suffer,
Those tortures as well!
I call my dominions,
Dark Hell, forth to rise,

¿Dónde estás, espeso monte?
¿Dónde estás, oscuro seno?
Sí, yo fui, no lo niego,
Aquel ángel que de Dios muy querido
Hoy, por mi vana altivez,
Soy del Reino desposeído.
Ahora, siento un nuevo mal
Y deciros no quisiera:
¿Cómo es que un Niño,
Cómo es que un Jesús,
Ha nacido en un portal?
¡Oh prodigioso misterio!
¡Él quiere quitarme el imperio,
Para dar aumento a mi mal!
Pero, ¡Viva Satanás! ¡Viva Lucifer!

As I battle mankind,
Deceiving with lies.
I cannot deny it!
'Twas I who rebelled!
Because of my great pride,
From Heaven expelled!
And now, dread forbodings:
A Child to be born?
In Bethlehem's stable,
A sad place forlorn.
He wants my dominion,
To increase my woe,
This damnèd Messiah;
This newly born foe!
All hail, mighty Satan,

Antes que la luz de este día se acabe,
Han de ver que en esta noche,
Del Mesías habré triunfado.
A pesar de lo rúbico del cielo,
De nadie será adorado.
Yo, con mis astucias,
Yo, con mis mentiras,
Yo, con mis engaños,
Desvelaré a los mortales.
¿Ya ven a esos pastorcitos,
Que allí se ven recostados?

Who this day shall rule,
And kill the Messiah,
This night, long and cruel.
Despite the aurora,
The star's crimson light,
By none He'll be worshipped,
On this dreadful night.
For with my deceptions,
My wiles and my lies,
I'll keep men from looking,
Up into the skies.

THE SECOND SHEPHERD'S PLAY

TODOS:

(Se quejan)

LUZBEL:

¡Mueran! ¡Mueran todos esta noche!
Antes que sepan de este recado:
Que el Señor de los cielos y la tierra
Por quien se mueven los astros,
Esta noche se ha de ver humanado.
¡Ay, que ha de venir es cierto!
¡Que nacerá, está asentado!
Se dice que ha de nacer de una Virgen,
Pura, bah-, limpia, bah-,
Y sin mancha, bah-.
Porque así lo dice el libro.
Así lo reza el texto sagrado:
Que una Virgen parirá
El bien del género humano.
¡Apenas puedo pronunciarlo!
Ay, cómo sufro. ¿Cómo aguanto?
Será mi mayor quebranto
Ver al hombre redimido
Por ese Dios humanado.
Setenta semanas se dice,
Y nace el Mesías.
¿Qué está aguardando?
Pero, ¿para qué saberlo?
¡Cúmplanse las profecías!
¡Cúmplanse para el hombre!
¿Qué me importa?
Primero tiene que vencerme a mí.
Y yo, daré principio a mi intento.

Letra 2

Despierta, pobre infeliz,
No duermas porque el pecado

Quiere hacerte desgraciado,

Y de feliz a infeliz.

ALL:

(Moan in their sleep)

LUCIFER:

And all of these shepherds,
Cannot yet surmise
The birth of the Savior,
Who rules earth and skies.
He's coming, 'tis certain,
As human as can,
And born of a Virgin,
This Word become Man.
I cannot pronounce it,
Such goodness foretold,
Within sacred writing!
The mysteries unfold:
They speak of a Virgin,
Who's come to give birth,
To God become human,
As all men on earth.
I'm cursed with a Savior!
Redeemer so meek!
They told of His coming
In seventy weeks!
Why fight the old prophets?
His birth is assured.
This damnèd Messiah
By passion allured.
I'll find other methods
To fight this God-sent.
I'll start with these shepherds;
My evil intent!

Chorus 2

Stay awake, unknowing soul,
Do not slumber because there's
    danger,
Set on keeping you from the
    manger,
And from reaching your holy goal.

LUZBEL:

¡Chú! ¡Chú! ¡Malditos ángeles!
¡Váyanse de aquí,
Que vienen a perturbar mi trabajo!
Hermitaño! . . . ¡Hermitaño!

HERMITAÑO:

¡Ay de mí! ¡Qué me despeño!
¡Qué me ruedo! ¡Qué me mato!
¡Tenme Gil! ¡Tenme Bato!
¡Qué me voy desbarrancando!

LUZBEL:

No te turbes.
Tente un poco,
Que ya estás asegurado
Y estrechado aquí entre mis brazos.

HERMITAÑO:

¿Quién eres tú?

LUZBEL:

Yo soy tu mejor amigo, que viéndote
Acongojado he venido a socorrerte,
Tomándote aquí entre mis brazos.

LUCIFER:

Begone, wretched angels!
You hinder my toil.
I'll start with this hermit,
Who thinks he's so loyal.

HERMITAÑO:

I feel like I'm falling,
I'm tumbling, I cry!
Please help me, dear Bato,
And Gil, lest I die!

LUCIFER:

Don't fret and don't worry,
No cause for alarms.
You're safe and protected,
Within my safe arms.

HERMITAÑO:

I would know your name, Sire!

LUCIFER:

Why, I'm your best friend,
Who, seeing you worried,
Put fears at an end.

HERMITAÑO:

Saber tu nombe quisiera,
Pero sin mentirme.

HERMITAÑO:

I would know your name, Sire,
But spare me your lies.

THE SECOND SHEPHERD'S PLAY

LUZBEL:

Te lo diré,
En cuanto sigas mis consejos.

HERMITAÑO:

Sí, como no sean vanos.

LUZBEL:

Vamos al pie de aquel cerro.
Allá donde están aquellos peñascos.
Allí hablaremos despacio.

HERMITAÑO:

¿Para qué tenemos que ir tan lejos?
¿No ves cuánto está nevando?
Aquí cerca de la lumbre
Podremos hablar más despacio.

LUZBEL:

¡Silencio!,
Que nos oirán tus compañeros.

HERMITAÑO:

No, si tienen el sueño
Muy pesado, pesado.

LUZBEL:

Pues, vé tú por aquí,
Yo voy por este otro lado.

HERMITAÑO:

Comienza,
Que yo te escucho.

LUZBEL:

(Ahora es tiempo, astucias mías,
De engañar a este tonto Hermitaño.)
Hermitaño, no hay secretos de mí.
No hay letra que no haya yo estudiado.
Todos los más altos secretos del mundo
Para mí están revelados.
Y para que sepas que es cierto, dime,
¿Qué hiciste hoy allá en el llano?

LUCIFER:

I'll tell it if only
You'll heed my advice.

HERMITAÑO:

If it not be worthless-

LUCIFER:

Oh, none of the kind!
Let's go by those hilltops
And thus speak our mind.

HERMITAÑZO:

But why go that distance?
Just look at this snow!
When here by the bonfire,
We could converse slow.

LUCIFER:

But your friends might hear us,
With voices unfurled.

HERMITAÑO:

They're laden with slumber,
And deaf to the world.

LUCIFER:

Then you go by that way,
And I'll go by here.

HERMITAÑO:

I'm listening, speak freely,
Without any fear.

LUCIFER:

('Tis time to deceive this
Fool hermit compelled.)
Dear hermit, no secrets
From me are withheld.
I know every letter;
All secrets I gain.
But tell me, what did you
Today on the plain?

Hermitaño:

No me acuerdo!

Luzbel:

¡Confiésalo, que ya te estás acordando!
Dime, no fuiste tú y viste
Donde la Gila estaba roncando?

Hermitaño:

¡Cállate, por vida tuya!
Habla poquito más bajo.

Luzbel:

Y, ¿a Tubal, no le dijiste
Que un lobo se había robado
El primalito que le vendiste
Al hijo de Feliciano?

Hermitaño:

¡Cállate, por vida tuya!
¡Habla un poquito más bajo,
Que aquí están Gil y Tebano,
Y tienen el sueño liviano, liviano!

Luzbel:

Pues, hombre,
Te hablaré claro:
Esta vida que tienes aquí,
No es vida para hermitaño.

Hermitaño:

Ay, ¿no?
¿Para qué es entonces?

Luzbel:

¿De qué te sirven esas
Mortificaciones, esas disciplinas,
Esa Cruz, y ese rosario?
Mira, hombre, ¿Por qué no vas mejor
Y te coges a la Gila
Y te la llevas para el llanito?

Hermitaño:

I cannot remember!

Lucifer:

Confess, for you do!
You spied Gila's beauty
While she slept there too!

Hermitaño:

For God's sake, be quiet!
Speak softer, I plead!

Lucifer:

What tales did you spin then,
Of wolves' foul deed,
When you sold the lambkin
To Felician's seed?

Hermitaño:

Do speak much more softly,
Your words on this night,
For Gil and Tebano
Do sleep very light!

Lucifer:

Not softly, but clearly,
I'll speak them but true:
This life of a hermit
Was not meant for you.

Hermitaño:

If not for a hermit,
Then, wherefore, I ask?

Lucifer:

Why flog with these scourges;
Take your flesh to task?
That Cross and those prayer beads,
Will not warm you right.
But take Gila with you
And join her tonight!

HERMITAÑO:

¿Y ella querrá ir?

LUZBEL:

¿Eso dudas tú?
¿No soy yo tu mejor amigo,
Y no estoy yo siempre a tu lado?

HERMITAÑO:

Pues, ¿qué estamos aguardando?

LUZBEL:

Andale, ¡Llévatela! ¡Llévatela!
Pastores, ¡despierten tontos,
Que el Hermitaño se lleva a la Gila!

GILA:

¿Qué es esto, Gil y Tebano,
Que me llevan de la mano?

TODOS:

Ea, ¡traila pa'trás!
¿Adónde te la llevas?

HERMITAÑO:

¡Ya no me den, hermanos!
¡Ya no vuelvo, ya no vuelvo!

HERMITAÑO:

Do you think she's willing?

LUCIFER:

-To go for a ride?
Just trust in my friendship,
Right here by your side.

HERMITAÑO:

Then let us not tarry!

LUCIFER:

Just take her and hide!
Awake, foolish shepherds,
'Ere Gila's a bride!

GILA:

Help, Gil and Tebano,
I'm going away!

ALL:

Let's get her back quickly,
He'll lead her astray!

HERMITAÑO:

Refrain from your anger
And raining down blows!

BATO:

¿Quién te mandó
Que lo hicieras?

HERMITAÑO:

Un hombre que estuvo aquí
Cuando ustedes estaban dormidos.
Él me dijo que me llevara a la Gila
Y que me casara con ella.

BATO:

Bueno, pues, ya se pasó el peligro.
Anden, hermanos, acuéstense todos.

HERMITAÑO:

¡Maldito sea mil veces
Quien me trató de engañar!

BARTOLO:

¡Todavía faltan los míos,
Viejo barbas.
No te descuides, Gilita,
Con ese viejo malvado.

HERMITAÑO:

Atizaré bien a la lumbre
Y al calorcito arrimado,
Lo que resta de la noche,
Me estaré calentando.

Letra 3

De la más bella María,
Nació un clavel encarnado.
Pues, adorad la ventura
Del mismo Dios humanado.
Pues, adorad la ventura
Del mismo Dios humanado.

HERMITAÑO:

¡Bato, Tubal, Lipio,
Gil, Bartolo, escuchen!

BATO:

Who told you to seize her?
I'd just like to know.

HERMITAÑO:

A man came and bid me
To take her away;
To carry off Gila
And wed her today.

BATO:

Let's sleep, for the danger
Has passed, I believe.

HERMITAÑO:

A thousand times cursed he
Who came to deceive!

BARTOLO:

And you, wretched hermit,
May still feel my blows.
We must guard Gilita
From wolves in sheep's clothes.

HERMITAÑO:

I'll stoke up the fire,
And heat up my bones,
As I sit and pray here,
Upon these warm stones.

Chorus 3

From the Virgin, pure and holy,
Now is born of human gender,
God almighty as a baby,
Rosy, innocent, and tender,
God almighty as a baby,
Rosy, innocent, and tender.

HERMITAÑO:

Tubal, Lipio, Bato,
Bartolo, and Gil,

¡Qué bonito se oye cantar Allá en el campo!	Just heed that sweet choir, Way out on that hill!
BARTOLO:	**BARTOLO:**
¡No me tienes muy contento! ¡Caliéntate y cállate!	Get warm and be quiet; My patience fulfill.
Letra 4	*Chorus 4*
De los montes y los altos, Se rinde la pastorilla, Esparcido su rebaño, Por tan altas serranillas, Esparcido su rebaño, Por tan altas serranillas.	'Mid the mountains and the valleys, Scattered are the flocks of sheep, Shepherds weary from exhaustion, Now surrender to their sleep. Shepherds weary from exhaustion, Now surrender to their sleep.
HERMITAÑO:	**HERMITAÑO:**
¡Oye, Bartolo, y verás qué música Tan peregrina anda en nuestros ganados! De no ser aquí en la tierra, Dijera fuera divina.	Bartolo, just listen, There's music sublime, From our flocks, it's coming; It must be divine!
BARTOLO:	**BARTOLO:**
¡Más divinos han de ser Los palos que yo te daré! Ya no me sigas enfadando. Así, caliéntate y duérmete!	You're longing for angels? I'll give you divine: When I whack your noggin With this sack of wine!

Letra 5

El que con finos amores,
Y sencillo corazón,
Virtió la sangre en la Cruz,
Por la humana rendención,
Virtió la sangre en la Cruz,
Por la humana redención.

HERMITAÑO:

¡Hermanos, levántense!
¡Oigan qué bonito
Canta el hermano Tubal
Allá en el campo!

LIPIO:

¡Albricias, albricias, albricias!

TUBAL:

¡Albricias, hermanos!

BATO:

¿Por qué tanto gusto?
¡Te las prometo!

GILA:

A mí dímelas, Tubal!

TUBAL:

-No, no, no.
¡Tienen que pagarme primero!
¿Y tú, Hermitaño,
Qué me das?

HERMITAÑO:

¡Yo te las daré con mi disciplina!

TUBAL:

Y tú, Gilita, ¿qué me das?

GILA:

Yo te daré un vaso de leche nevada.

Chorus 5

He whose heart is pure and holy,
And who guides us from above,
He who shed his blood for us,
Through his own eternal love,
He who shed his blood for us,
Through his own eternal love.

HERMITAÑO:

Please rise, brother shepherds,
And listen with care
To hear how Tubal now
Is singing out there!

LIPIO:

Glad tidings! Glad tidings!

TUBAL:

Glad tidings, proclaim!

BATO:

Please speak, 'ere I smite you.
Now say why you came!

GILA:

Please tell me your tidings!

TUBAL:

-No, no, you must pay.
And you, brother hermit,
What say you this day?
Will you give me money?

HERMITAÑO:

Your hide I shall flay!

TUBAL:

Some payment, Gilita?

GILA:

Some milk for your thirst!

THE SECOND SHEPHERD'S PLAY

TUBAL:

(¡M-m-m-m-m-m!)

COJO:

Yo te daré un quesito,
Aunque sea de cabrita.

TUBAL:

¡Yo vi unos ángeles,
Unos ángeles cantando!
Decían: "Gloria a Dios en los cielos,

Y paz a los hombres!"

BARTOLO:

¿Dónde habrá otro
Más embustero que tú?
¿Adónde has ido a soñar
Este montón de mentiras?

BATO:

Tubal, ¿no seas flojo!
Vuélvete al ganado.
No vengas con cuentos,
Ni chismes a despertarnos.
¡Andale, Tubal! ¡Andale, Lipio!
Váyanse a velar el ganado.
Ustedes otros, acuéstensen.
¡Vamos todos a dormir!

TUBAL:

(M-m-m-m-m-m!)

COJO:

I'll give you some goat cheese,
If you'll tell me first!

TUBAL:

I heard angels singing,
To God from the hill,
Proclaiming glad tidings,

To men of good will!

BARTOLO:

And where, in creation,
Can ever there be
Some liars as skillful
As you and as he?

BATO:

Tubal, don't be lazy!
Get back to the sheep!
Forget all your stories,
And let us just sleep!
Tubal and ole Lipio,
Go back to the flock,
You others, now slumber;
Enough of this talk!

LIPIO Y TUBAL:

¡Ay, ay, ay!
¡No nos creyen esos!

LUZBEL:

Por más que intente apartarme
De este dolor en que yo vivo,
No puedo desechar
Este tormento y martirio.
¡Cómo es cruel el destino!
¿Y, cómo he yo de saber si el Mesías
Ya está para nacer,
Nacerá o habrá nacido?
Yo sé que cuando nazca,
Él dará fin a mi imperio.
Pero, ¿qué es eso que oigo
Allí por las altas regiones?
Es un coro de querubines y serafines,
Cantándole glorias y alabanzas al Niño.

LIPIO AND TUBAL:

They do not believe us,
Let's take up our walk.

LUCIFER:

As much as I'm longing
To ease all this pain,
I'm still quite the martyr
And cannot refrain.
How cruel is my future!
By doubts I am torn,
As to this Messiah
About to be born.
He'll ruin my kingdom
On that Christmas morn.
But what do I hear now,
In heavenly sphere?
Some cherubs and seraphs,
All singing so clear.

Letra 6

Desterrando a Satanás,
Démos alabanzas puras,
Gloria a Dios en las alturas,
Y al hombre en la tierra, paz.
Gloria a Dios en las alturas,
Y al hombre en la tierra, paz.

Chorus 6

Let us with paeans of praise,
The designs of Satan, kill.
To God, glory in the highest,
And peace to men of good will.
To God, glory in the highest,
And peace to men of good will.

THE SECOND SHEPHERD'S PLAY

LUZBEL:

¡Chú! ¡Chú! ¡Angeles malditos
Que vienen a perturbar!
¡No escuchen, no escuchen!
¡Blaaaaaaaahhhhhhhhh!!!
Pero, ¿qué es esto?
Con ese coro de ángeles,
Viene mi mayor enemigo,
¡San Miguel Arcángel!

MIGUEL:

¡Bruto! ¡Indómito! ¡Feo dragón
Que con sólo tu mirar
Envenenas con tu hechizo!
¡Véte y no perturbes a estos pastorcitos!

LUZBEL:

Miguel Arcángel,
¿Por qué me persigues,
Tratando de quitarme todo lo que
Con mi poder he adquirido?

MIGUEL:

Yo te mando, serpiente fea,
Que te vayas de aquí.
En el nombre del Altísimo, véte de aquí,
Y no vengas a perturbar a estas almas.

LUZBEL:

Miguel, pero ya ves que voy ganando.
Yo me llevaré a todas estas personas.
Yo me las llevo a todas,
Con los Siete Pecados Mortales.
Me las llevo con sus corajes y gulas,
Me las voy a llevar con sus envidias.
Me las llevo con celos y lujurias.
Me las voy a llevar con sus perezas.
Con estos vicios, ellos me seguirán,
Paso a paso hasta el Infierno.
Y ahora, ¿tú me los quieres quitar?
¡No te dejaré!

LUCIFER:

Begone, wretched angels,
Who come to disrupt!
Don't listen! Don't listen!
To voices corrupt!
But who is that angel
Who adds to my woe?
'Tis Michael Archangel;
My deadliest foe!

MIGUEL:

You brute and you dragon,
You savage untamed!
Begone from these shepherds,
Whose souls you have claimed!

LUCIFER:

But, Michael Archangel,
Why should I thus shirk?
My prey, you are stealing,
Despite my hard work.

MIGUEL:

By God the Almighty,
Now heed this command.
This is your last warning;
Your last reprimand.

LUCIFER:

But, Michael, I'm destined,
To rule and to win.
I'll gather all to me,
With each Deadly Sin.
With Gluttony, Wrath, and
With Envy entice.
With Jealousy, Lust, and
With Sloth do advise.
With all of these vices
They're damnèd, no doubt.
Now you want to take them
And boot me right out?

MIGUEL:

Viborón feo,
Una vez te eché de los cielos,
Porque te rebelarse contra Dios Santo.
Una segunda vez te eché del Jardín
Por el pecado de Adán y Eva.
Ahora te mando una vez más,
Destiérrate de aquí
Y no vengas a perturbar.

MIGUEL:

You ugly, old serpent!
From grace when you fell,
Because of your great Pride,
You went straight to Hell.
The second time, banished
From Eden so fair,
For tempting poor Adam
And Eve with a pear.

LUZBEL:

Pues, sí es verdad
Que una vez me echaste del Cielo,
Y una segunda vez me desterraste del
Jardín del Paraíso.
¡Pero de aquí no me echarás!

LUCIFER:

'Tis true that you chased me
Away from the sky.
For Garden of Eden,
I still moan and cry.
But here, I stand firmly-

MIGUEL:

¡En el nombre del Altísimo!

MIGUEL:

By God, the most high!

LUZBEL:

¡Cielos!

LUCIFER:

A third time, I'm damnèd!

MIGUEL:

Está atado el Diablo por mil años.

MIGUEL:

These chains will thee tie!

LUZBEL:

Aprended, flores, de mí,
Lo que fue de ayer a hoy.

Que ayer maravilla fui,
Y hoy, sombra de mí no soy.
Astros, lluvias, elementos,
Desde el oriente al poniente,
Planetas de fuego ardiente,
Ocurrid a mis tormentos.
¡Ay!

LUCIFER:

When I first fell from the skies,
Like flowers that bloom and then
    fade,
I was marvel to all eyes,
But today, I'm just a shade!
Take heed, ye heavenly bodies,
Which from dusk to dawn do race,
Ye fiery orbs and ye planets,
Harken to my dark disgrace!
Ay!

MIGUEL:

Levántensen, pastores,
Vean que ya ha nacido el Mesías.
Vayan a adorar al Niño
Que está en el portal.

MIGUEL:

Awaken, ye shepherds,
The Savior is born.
Go forth now and worship,
On this Christmas morn.

BATO:

Hermanos míos,
Vayan previniendo rústicos regalos
Para llevarle al Niño
Que viene a salvarnos.

BATO:

We'll go to the manger,
So let us prepare
Some gifts for the Baby,
And take them right there.

BACIRIO:

Yo, a este Niño chiquito,
Le llevaré un borreguito.

BACIRIO:

My gift to the Baby's
A little lamb white!

Cojo:

Yo, a este Niño chiquito,
Le llevaré un pañalito.

Gil:

Yo, a este Niño chiquito,
Le llevaré un guajecito.

Tubal:

Yo, al Niño chiquito,
Le llevaré una musiquita.

Gila:

Yo le llevaré al Niño
Pañales y fajeros,
También una camisita,
Y mi corazón entre ellos.

Hermitaño:

Yo, como pobre Hermitaño,
No tengo nada que llevarle.
Pero le llevaré unas raíces,
De mi montaña cortadas.

Bato:

Voy para el portal,
Con mucha alegría,

Cojo:

My gift is a diaper,
So soft and so light!

Gil:

This rattle, for music,
Will liven His night!

Tubal:

This musical panpipe
Will bring Him delight!

Gila:

My gifts for the Baby
Are swaddling clothes,
A shirt and some diapers,
My heart wrapped in those.

Hermitaño:

Since I'm a poor hermit,
No treasures I've skimmed.
These roots I shall take Him,
From my mountain trimmed.

Bato:

I'm off to the manger,
With this little toy,

THE SECOND SHEPHERD'S PLAY

A ver a Jesús,
José y María,
A ver a Jesús,
José y María.
Niño chiquito y bonito,
Te traigo estos dijecitos.
Recíbelos con amor. Mira que en ellos
Te doy alma, vida, y corazón.

GIL:

Voy para el portal,
Con gusto infinito,
A llevarle al Niño
Aqueste guajito,
A llevarle al Niño,
Aqueste guajito.
Isaías profetizó, Señor,
Que habías de nacer.
Toma, Señor,
Este guajito.

GILA:

Voy para el portal,
Con crecido anhelo,
A llevarle al Niño
Pañal y fajero.
A llevarle al Niño
Pañal y fajero.
Gila de estos pastores,
Vengo a verte,
Gran Señor,
Como Padre y Redentor.
He venido a regalarte
Pañales y fajeros,
También una camisita,
Y mi corazón entre ellos.

HERMITAÑO:

La estrella del cielo,
Nos viene alumbrando,
Y de acá a esos montes,
El verbo humanando,
Y de acá a esos montes,

To see Jesus, Joseph,
And Mary with joy,
To see Jesus, Joseph,
And Mary with joy.
Dear Child, I have fashioned
This little gold pin;
The gift of my heart and
The love held therein.

GIL:

I'll go to the manger,
With rapture sublime,
This rattle I'll give to
The Baby divine,
This rattle I'll give to
The Baby divine.
Isaiah fortold of
The dear Savior's birth.
Accept Lord, this rattle,
To bring You some mirth.

GILA:

I'll go to the manger,
My heart to expose,
And take to the Infant
These swaddling clothes,
And take to the Infant
These swaddling clothes.
I, Gila of these shepherds,
Will visit Thee, Lord,
Dear Father, Redeemer,
And as a reward,
Some diapers and swaddling
Clothes will I bear,
As well as a nightshirt
And my heart laid bare.

HERMITAÑO:

The star in the heavens
Is shining so bright,
Proclaiming the Savior
Made Man on this night,
Proclaiming the Savior

El verbo humanado.
Soberano Gran Señor,
Aunque de raíces vivo,
Te las traigo a Vuestro amor.
Adiós, mi Redentor,
Adiós, mi Dueño amado.
Cuando en el cielo te veas,
No olvides
A tu Hermitaño.

Made Man on this night.
Most Sovereign Redeemer,
These roots do I bring,
Proclaiming my love
To my Savior and King.
Farewell, my Redeemer,
In Heaven expect
Your faithful old hermit.
Please do not forget.

LUZBEL:

¡A-ja-ja-ja! ¡Que me les escapo!
¡Ahora sí, viles pastores,
Hasta las cavernas del Infierno
Me los he de llevar!

LUCIFER:

I'm free from these bindings,
Vile shepherds, and now-
In Hell with its caverns,
To me shall you bow!

TODOS:

¡Fuera, serpiente!
¡Retírate de aquí!
¡Véte, y no perturbes!
¡No te tenemos miedo ya!

ALL:

Begone, foul serpent!
Get out of our sight!
We fear you no longer,
Nor your evil might!

HERMITAÑO:

Sangriento dragón,
¡Ya no temo tus cautelas!
¡Retírate de aquí
Antes que te quebre las muelas!

HERMITAÑO:

You blood-thirsty dragon!
I fear not your wiles!
Begone lest I crack all
Your molars and smiles!

LUZBEL:

¡Ay, las muelas!

LUCIFER:

My molars and smiles!

BATO:

Vamos a adorar al Niño,
Pero,-¿dónde está Bartolo?

BATO:

But where is Bartolo,
Before we all go?

TODOS:

¡Bartolo!
¿Dónde está Bartolo?

ALL:

Bartolo, as always,
Is moving so slow.

BATO:

Vamos a Belén, Bartolo,
A ver al Niño Mesías.

BATO:

To Bethlehem let us hasten,
The Infant Savior to see.

BARTOLO:

Anda, míralo tú,
Que sabes de cortesías.

TUBAL:

En Belén está la Gloria.
Bartolo, vamos allá.

BARTOLO:

Si quiere la Gloria verme,
Que venga la Gloria pa'cá.

GIL:

En Belén hay un bautismo.
Bartolo, vamos allá.

BARTOLO:

Si yo no soy el padrino,
¿A qué tengo que ir yo allá?

BACIRIO:

En Belén hay chocolate,
Bartolo, que se derrama.

BARTOLO:

Si quieren que yo lo beba,
Traíganmelo aquí a mi cama.

BARTOLO:

You, who are versed in such matters,
Can go see Him without me.

TUBAL:

In Bethlehem lies thine Glory,
Bartolo, waiting for thee.

BARTOLO:

If ole Glory is so desperate,
She can just come here to me.

GIL:

In Bethlehem there's baptism,
Bartolo, waiting to share.

BARTOLO:

But if I'm not the godfather,
Why do I need to go there?

BACIRIO:

In Bethlehem, by the barrel,
There's chocolate in every stead.

BARTOLO:

If you'd like for me to drink it,
Please bring it here to my bed.

LIPIO:

Vamos y verás la mula,
Que comiendo paja está.

BARTOLO:

No quiero, si será bronca,
Y patadas me dará.

COJO:

Levántate, Bartolito,
Que Dios ya te perdonó.

BARTOLO:

Más que nunca me perdone,
Estando dormido yo.

GILA:

Vamos a Belén, Bartolo,
Y verás cositas nuevas.

BARTOLO:

¡Quítate de aquí, flojona!
¡Métete en tus cazuelas,
Que tanto de puro favor,

No te he quebrado las muelas!

HERMITAÑO:

De ver la Gloria, Bartolo,
Esa flojera te priva.

BARTOLO:

¿Por qué no vas y les dices,

Que te robaste a la Gila?

BATO:

Quieras o no quieras,
Te has de levantar.
Quieras o no quieras,
Has de ir a adorar
Al Niño chiquito
Que está en el portal.

LIPIO:

Let's go see the mule that's eating,
All of the straw that is cut.

BARTOLO:

But what if the mule is wild,
And kicks me right in the butt?

COJO:

Arise, dear old Bartolito,
God has forgiven your sin.

BARTOLO:

I do not seek His forgiveness,
I only care to sleep in.

GILA:

In Bethlehem, dear Bartolo,
All sorts of wonders you'll find.

BARTOLO:

Return to your pots, you lazy,
And give me some peace of mind!
Your teeth I've refrained from
smashing
But only because I'm so kind!

HERMITAÑO:

Your Sloth keeps you from the Glory
That God meant for your poor soul.

BARTOLO:

Why not just shout to the whole
world
About the girl that you stole?

BATO:

You must come and worship,
And willing or not,
You'll rise and you'll hasten
To that little spot,
Where dear Baby Jesus
Now sleeps in His cot.

BARTOLO:

Pobrecita cama que voy a dejar.
Dicen que en esta noche,
De frío y de escarcha,
Nació de una Virgen,
Sin culpa y sin mancha.
Bienvenido seas,
Niño chiquitito,
Que le quitas al hombre
La pena y el delito.
Ay, qué noche tan oscura,
Qué sueño tan mortal.
Qué pájaros tan alegres
Cantan en ese portal.
Yo quisiera ir para allá,
Pero, allá-
No hay chicharrones.
¿Adónde vamos,
Gritones?

BACIRIO:

Vamos a ver a María.

COJO:

Que al Niño tiene en sus brazos.

BARTOLO:

Eso no verán conmigo.

BARTOLO:

The warmth of my poor bed,
I'm missing a lot.
A Babe on this cold night,
So goes the refrain,
Was born of a Virgin,
Without sin or stain.
Most welcome, dear Baby,
Who's come to this fold,
To cleanse all of mankind
From its guilt of old.
This night is so darkling;
My sleep knows no wrong,
While birds in the manger
Now sing their sweet song.
I'd love to go thither,
But this much I fear:
They've no *chicharrones*,
So why budge from here?

BACIRIO:

We must go see Mary!

COJO:

The Babe's in her arms!

BARTOLO:

That's none of my business!

BATO:

Has fuerza, ¡anda!

BARTOLO:

Ay, sí a María.
Así también me haría mi mamacita
Agasajitos cuando estaba chiquito.
Bueno, que vengan Gil y Tebano
Y que me levanten de la mano,
Pero muy poco a poquito,
No me vayan a dejar caer,
Y me quiebren un huesito.
Ay, qué Niño tan hermoso,
No me canso de mirarlo.
Niño, serás pastorcito,
Según te estoy mirando.
Te pido, Señor de alta esfera,
Que me quites esta flojera
También te pido
Que me des un bocadito,
Porque esta perversa mujer
Ya las migas repartió,
Y a mí nomás me dejó
La olla para lamber.
Adiós, mi Niño Dios,
Adiós, mi Niño de oro,
Y cuando en el cielo estés,
No te olvides de Bartolo.

BATO:

It can do no harm!

BARTOLO:

Ah yes, it is Mary,
Who's just like my mom.
She used to caress me,
With her gentle palm.
Let Gil and Tebano,
Come help me alone,
But ever so gently;
I might break a bone.
Dear Child, like a shepherd,
I never fatigue
From gazing upon You,
You're from my same league.
Dear Lord of high Heaven,
I beg on my knee
That You take this Sloth far
Away from old me,
And give me some morsels,
For this maid perverse,
The crumbs has divided,
And left me the worst.
Farewell, Infant Jesus,
I leave with regret.
Your loving Bartolo,
Please do not forget.

THE SECOND SHEPHERD'S PLAY

Albricias, hermanos,
Ya sé trabajar,
He andado mucho,
De aquí hasta el portal,
He andado mucho,
De aquí hasta el portal.

BATO:

Anda, Gila, sin tardanza,
Y ponle la camisita.
Voluntad y amor me quedan,

Pa'arrullarle en su cunita.
Duérmete, Niño chiquito,
Duérmete, regalo mío.
Mis culpas fueron la causa,
Que estés temblando de frío.
Duérmete, Niño chiquito,
Duérmete, tierno güerito,
Duérmete, mi Redentor,
Hasta el vernos Tata Dios.

MIGUEL:

¡Abranse las puertas!
¡Rómpanse los velos,
Que hoy viene a posearlos,
El Rey de los cielos!

TODOS:

¡Abranse las puertas!
¡Rómpanse los velos,
Que hoy viene a posearlos,
El Rey de los cielos!

GILA:

Duérmete, Niño lindo,
En los brazos del amor,
Mientras te arrulla tu madre,
Cantándote rú, alarrú.

TODOS:

Alarrú, alamei,
Alarrú, alamei,
Alarrú, alarrú, alamei.

Good news, brother shepherds,
Following that star,
From here to the manger
I have traveled far,
From here to the manger
I have traveled far.

BATO:

Come, dear Gila, let us vest Him
In this shirt without delay.
With good will and love we'll lull
    Him
In His cradle on this day.
Slumber, Baby meek and tiny,
Treasure of my heart grown old.
My sins cause You now to shiver,
On this night of frost and cold.
Slumber now, my little bundle,
Baby so tender and fair.
Sleep, Redeemer, 'til in Heaven,
We will meet each other there.

MIGUEL:

Let the gates be opened!
Tear the veil asunder!
For the King of glory
Fills our hearts with wonder!

ALL:

Let the gates be opened!
Tear the veil asunder!
For the King of glory
Fills our hearts with wonder!

GILA:

Sleep now, oh Baby so tender,
In the arms of love so fair,
While your mother is crooning
This lullaby with such care:

ALL:

Alarrú, alamei,
Alarrú, alamei,
Alarrú, alarrú, alamei.

GILA:

No temas a Herodes,
Que nada te ha de hacer.
En los brazos de tu madre,
Nadie te ha de ofender.

TODOS:

Alarrú, alamei,
Alarrú, alamei,
Alarrú, alarrú, alamei.
Alarrú, alamei,
Alarrú, alamei,
Alarrú, alarrú, alamei.

Fin

GILA:

Oh have no fear of King Herod,
He cannot harm You as he said.
While in the arms of your mother,
No one may touch Your sweet head.

ALL:

Alarrú, alamei,
Alarrú, alamei,
Alarrú, alarrú, alamei.
Alarrú, alamei,
Alarrú, alamei,
Alarrú, alarrú, alamei.

The End

Los moros y los cristianos

The Christians and the Moors

Introducción

Muchas veces se ha dicho que el drama titulado *Los moros y los cristianos* es uno de los más intensivamente hispanos de los géneros religiosos y seculares que fueron traídos a Nuevo México por los primeros pobladores. La ironía en esto, sin embargo, es que al tiempo de la colonización de las Américas por los españoles, España misma a penas se estaba consolidando en una vasta identidad nacional. Como pasa muchas veces en las escrituras clasificadas "literatura de huerfanidad" el grupo étnico que se halla desplazado de su patria se hace rete-nacionalista. Su gente se hace, como dice el proverbio en español, "más español que Cervantes."

Quizás por esta razón, este drama es considerado por muchos historiadores como la primera porción de una trilogía percibida entre las comedias de moralidad que empatan a los españoles con sus percibidos enemigos. En este drama inicial, el imperio español se opone a un enemigo interno, que son los moros quienes ocuparon la Península Ibérica entre los años 711 y 1492. La segunda porción, se puede averiguar, es el drama titulado *Los comanches*, que halla a los pobladores hispanos en batallas con la tribu comanche dominada por Cuerno Verde. La ironía aquí, sin embargo, es que aunque los españoles y los comanches estén luchando por control de una porción del territorio de Nuevo México, ningún grupo es nativo a estos alrededores. La tercera porción de esta trilogía impuesta es el drama titulado *Los tejanos*. Como posesión de la grande nación americana, los soldados españoles del Gobernador Armijo tienen que luchar con los opresores tejanos dominados por Menclaude.

En cualquier caso, *Los moros y los cristianos* es reducido al nivel de un conflicto simbólico entre la Cruz y la Luna Creciente. Ciertas libertades poéticas han sido tomadas por el dramaturgo desconocido quien usa al mensajero Moma (variante de Mahoma) para robarse la Cruz de los españoles. El príncipe moro es llamado Selín, aunque historicamente, el último príncipe moro en Granada se hubiera llamado Boábdil.

Como ocurre frecuentemente en los dramas del Siglo de Oro, los personajes son estáticos, siendo o sea buenos o malos. Siendo que los españoles escribieron el drama, se puede facilmente adivinar quienes serán dibujados como protagonistas y quienes como antagonistas. En realidad, sin embargo, los moros dieron mucho a la nación hispana por medio del influjo en los textiles y herramientas, el sistema numérico, la organización de las acequias, y de la nación árabe mayor, el reloj, los estribos, la lógica, y una variedad de especias.

En Nuevo México hoy día, la luna creciente todavía se ve en la joyería de los collares hechos por los plateros, sin atribuirle ninguna preeminencia. El famoso collar llamado "flor de calabacita" es en realidad flor de granada, como muestran los ejemplares anteriores. Los diseños usados en los tejidos nuevo

Introduction

It is often said the folk play titled *Los moros y los cristianos* is one of the most intensely Spanish dramas from both the religious and secular genres brought to New Mexico by the early settlers. The irony here, however, is that when the Spanish colonization of the Americas was taking place, Spain was only then consolidating itself into one vast national identity. As often happens in writing which is classified as "orphan literature," the ethnic group that finds itself displaced from the mother country becomes fiercely nationalistic. Its people become, as the Spanish proverb says, "more Spanish than Cervantes."

Perhaps for this reason, this drama is considered by many historians to be the first portion of what may be deemed a trilogy of morality plays that pit the Spanish nation against its perceived enemies. In this initial drama, the Spanish Empire is pitted against an internal enemy, namely the Moors who occupied the Iberian Peninsula between 711 and 1492. The second portion of the trilogy is arguably the folk drama titled *Los comanches*, which finds the Spanish settlers engaged in war against the Comanche tribe led by Cuerno Verde. The irony here, however, is that although the Spanish and the Comanches are fighting for territorial control over a portion of New Mexico, neither group is native to the area. The third portion in this implied trilogy is the folk drama titled *Los tejanos*. As a possession of the larger American nation, the Spanish soldiers of Governor Armijo must battle against the Texan oppressors led by McLeod.

In any case, *Los moros y los cristianos* is reduced to the level of symbolic conflict between the Cross and the Crescent Moon. Certain poetic license has been taken by the unknown author who uses the messenger Moma (a variant of Mahoma/Mohammed) to steal away the Cross from the Spaniards. The Moorish emir is called Selin, whereas historically, the last emir in Granada would have been named Boábdil.

As is the norm in plays of the Golden Age period, the characters are very flat, being either good or bad. Since the Spanish wrote the play, we can guess who will be portrayed as the protagonists and who will be the antagonists. In reality, however, the Moors gave much to the Spanish nation through their influence in the weaving and smithing arts, the numerical system, the irrigation methods, and from the greater Arab nation, the clock, the stirrup, logic, and a variety of spices.

In New Mexico today, the crescent moon is still used by silversmiths on necklaces without attributing any kind of preeminence to it. The famous squash-blossom necklace is really a pomegranate-blossom necklace, as the earlier motifs will bear out. The designs used in New Mexico blankets are very Moorish in origin since the Islamic people were forbidden to portray the face of Allah or the Prophet and concentrated instead on the heavy geometry that is typical of the their art.

mexicanos son muy moriscos en origen, siendo que, no podiendo dibujar el rostro de Alá ni del Profeta, la nación islámica concentró más bien en aquella geometría complicada que es típica de su arte.

En la preparación de este manuscrito para producción sobre la escena, yo también he tomado ciertas libertades sin quitarle al drama nada de su sabor original. He introducido un cántico viejo en la primera escena para dar énfasis a la importancia de la Cruz para los españoles desde un principio. También he cambiado la versificación en las partes en que, como director, hallé la poesía débil.

In preparing this manuscript for production on stage, I too have taken certain liberties without altering the flavor of the play. I have introduced an old church hymn into the first scene to emphasize the importance of the Cross to the Spanish from the beginning. I have also altered the versification in areas where, as a director, I found the poetry to be weak.

Los moros y los cristianos	The Christians and the Moors

Escena 1	Scene 1

NARRADOR:

Oh, triunfo del cristiano,
Cantemos en gran coros,
Terminados son los siglos,
Del dominio de los moros.
Y Santiago Matamoros

Nos ha de socorrer,
En nuestros grandes esfuerzos,
La Cruz a reponer.
Al honrado auditorio,
Le pedimos su atención,
Para presentar este drama,
Con humilde devoción.

NARRATOR:

Holy triumph of the Christian,
In grand chorus now we sing.
Gone the age of domination,
By the mighty Moorish king.
And Saint James, the Moorish
  slayer,
Come to aid our weary plight,
As for Cross we battle ever,
In this never-ending fight.
And thou, very honored audience,
Thine attention we would woo,
As we now unfold this drama,
With devotion good and true.

CORO:

¡Oh, qué grande dicha,
Oh, qué gran fineza,
Que la Santa Cruz,
Sea mi defensa

CHORUS:

Oh happiest fortune!
Oh glory sublime!
That this Holy Cross be
The defense of mine!

¡Albricias, albricias,	Glad tidings! Glad tidings!
Que la voluntad	That His holy will,
Del Eterno Padre	Our Father eternal,
Se ha cumplido ya!	Has come to fulfill.
¡Oh, qué grande dicha,	Oh happiest fortune!
Oh, qué gran fineza,	Oh glory sublime!
Que la Santa Cruz,	That this Holy Cross be
Sea mi defensa!	The defense of mine!

Escena 2	Scene 2

EL GRAN SULTÁN:

THE GREAT SULTAN:

¿Ya está todo en orden?	Is all ready as I ordered?
Yo quisiera bien saber.	I should really like to know.

SELÍN:

SELÍN:

Sí Señor, como mandasteis,	Yes my lord, as you commanded,
El ejército he de recoger.	The full army's all in tow.

EL GRAN SULTÁN:

THE GREAT SULTAN:

Que un espía vaya a ver,	Let us send a spy to witness,
Si duerme el centinela,	If the sentinel now sleeps,
Que la Cruz está velando,	Or if, in that distant chapel,
En aquella lejana capela.	O'er the Cross, he vigil keeps.

Que así podrá mirar,	He might then know how to capture,
Cómo la Cruz cautivar,	That great Holy Cross, I say,
Algún doblón por su rescate,	And with gold doubloons the Christian
El cristiano ha de dar.	Would then ransom and would pay.

SELÍN:

Voy sin dilación ninguna,	Without pause, the great Mohammed
Mahoma a buscar,	I would now seek by and by,
Quien es con gran acierto,	For he is, without an equal,
Un espía singular.	A unique and worthy spy.

EL GRAN SULTAN: **THE GREAT SULTAN:**

¡Vé pues, y pronto!	Hie thee, now!

Escena 3   Scene 3

SELÍN: **SELÍN:**

Mahoma, dice el Gran Sultán	The Great Sultan says, Mohammed,
Que vayas a los cristianos,	To the Christian camp to go,
En traje que sabrás,	In a guise of your devising,
Y que les has de robar	Of which you alone shall know.
La Santa Cruz,	A reward for that Cross stolen,
Que un premio os dará.	The Great Sultan shall bestow.

MAHOMA:

Sí Señor, de gran gana lo hago,
Y para eso me han de dar
Una bota de buen vino.
Al centinela voy a emborrachar.
Qué fácil será entonces,
La Santa Cruz tomar.

MOHAMMED:

Ay, my lord, 'tis to my favor,
But for such a task divine,
I shall need a worthy goatskin
With intoxicating wine.
Once the sentry's drunk, I'll steal it,
And shall make that relic thine.

Escena 4

Scene 4

MAHOMA:

A tus plantas, caballero,
Mahoma ya está,
Para ser bautizado,
Vengo para acá.

MOHAMMED:

At your feet, oh knight most worthy,
I, Mohammed, without fear,
Seek to be baptized a Christian;
'Tis my only mission here.

DON EDUARDO:

Si es verdad, Mahoma,
Vuestra inclinación,
Yo seré vuestro padrino,
En todita salvación.

DON EDUARDO:

If you speak the truth, Mohammed,
I, myself shall gladly be,
Your godfather in this venture,
For salvation verily.

MAHOMA:

No intento traición,
Ya no lo presumas, Señor,
Y hasta vino he comprado,
Que es del cristiano, licor.

MOHAMMED:

I intend here, sire, no treason,
No deception to be sought,
And I carry Christian nectar,
In this wineskin that I've bought.

DON EDUARDO:

Bebamos pues, Mahoma,

Que así como el Buen Ladrón,
Por fin te has convertido,
Y alcanzarás perdón.

DON EDUARDO:

Let us drink then, Lord
      Mohammed,
Who, like Dimas, the Good Thief,
Have at last renounced your errors,
And have shed your tears of grief.

(Emborracha al centinela.)

(He makes the sentinel drunk.)

MAHOMA:

La Cruz está segura,
Ya me voy a despedir . . .

MOHAMMED:

The Cross is now secure at last,
I would like to take my leave.

DON EDUARDO:

La Cruz está segura,
Y yo me voy a dormir.

DON EDUARDO:

The Cross is now secure at last,
I would like to take my sleep.

Escena 5

Scene 5

SELÍN:

Señor mío, Gran Sultán,
Ya Mahoma hizo la empresa.

SELÍN:

Oh Great Sultan, Lord Mohammed
Has returned with Cross unmarred.

EL GRAN SULTÁN:

Prémiale al instante
Con la debida recompensa.
Dale título que exceda
A los otros capitanes,
Y con sueldo correspondiente
A los menores sultanes.
Que es muy justo darle premio
Al que sabe descuidarme,
Al que de la sangre aprecia.
¡Salgan todos al combate!

THE GREAT SULTAN:

You must recognize his efforts,
With the worthiest reward.
Give him title which surpasses
All the captains far and near,
With a salary that's equal
To the lesser sultans here.
It is right to pay most justly
Those who do my bidding well,
And appreciate their bloodline.
Harken to the battle knell!

DON FEDERICO:

¡Alarma, noble español, alarma!
¡Que el Turco se ha robado la Cruz!

DON FEDERICO:

To arms, noble Spaniard, to arms!
The Turk has stolen the Cross!

DON EDUARDO:

¡Por mi pesada flojera,
Perdí a mi Jesús!

DON EDUARDO:

Since I've acted like a drunkard,
Jesus now is at a loss!

DON FEDERICO:

Ya la tienen en castillo,

En murallas encerrada,
Con la guarnición de adentro,
De quinientos paganos.
Eduardo está borracho,
Perdido, y descalabrado,
Riesgo corre de morirse,
Por un poco de trago.

DON FEDERICO:

They now hold the Cross in
   bondage,
Just behind the castle wall,
With five hundred pagans guarding,
So that none approach at all.
Eduardo is full drunk now,
He is lost and badly bruised,
He's even on the brink of death,
Because he had slovenly boozed.

DON ALFONSO:

Eduardo y Federico,
La Cruz está perdida.
Yo nunca había visto,
Maldad tan conocida.
Vamos, fuertes españoles,
Con ánimo, esfuerzo, y valor,

DON ALFONSO:

Eduardo and Federico,
The great Cross is missing there.
I have heretofore not witnessed
Such an infamy laid bare.
Let us go then, valiant Spaniards,
You must courage and strength
   flout,

THE CHRISTIANS AND THE MOORS

A restaurar lo perdido,
Y cumplir con devoción.
Sin la Cruz le falta brío
A la luna y al sol,
Y también la luz al norte,
Y al viento, el candor.

DON FEDERICO:

La Santa Cruz la tienen,
En el castillo amurallada,
Con ochenta mil soldados,

La tienen bien guardada.
Aunque el puerto esté seguro,

El alarma sonaré,
Es blasón de gran triunfo,
De los cristianos de fe.

DON EDUARDO:

(A sí mismo)

Pobrecito Don Eduardo,
Que se quizo hacer muy macho.
Tomé unas gotas de vino,
Y caí muy borracho.

DON ALFONSO:

¡Santiago! ¡Santiago!
¡En el nombre de Jesús!
¡Marchemos al castillo,
Y rescatemos la Santa Cruz!

Escena 7

MAHOMA:

Detenedos, cristianos,
Que aquí no han de entrar.
Éste es sitio de los moros.
Allí se han de parar.
Detenedos del Gran Turco,
Hasta el ponerse el sol,

To restore that which was stolen,
With attention full devout.
Without Cross there is no living,
Neither moon nor sun do shine,
And the northern light forsakes us,
And the wind for shame doth hide.

DON FEDERICO:

Our most Holy Cross was taken
To a castle fortified,
Guarded by eight thousand
    soldiers,
Ever-watchful at its side.
Though the entrance be well-
    guarded,
The alarm I'll ring most sure,
'Tis a call to arms for Christians,
Whose great faith is fair secure.

DON EDUARDO:

(To himself)

Don Eduardo, such a pity,
Such a macho, this poor man.
All I did was swallow droplets,
Like a drunken charlatan.

DON ALFONSO:

By Saint James, the Moorish slayer,
And by Jesus' name we please
Will now march unto the castle,
And the Holy Cross release!

Scene 7

MOHAMMED:

Hold ye back, unworthy Christians!
Here's no entry to be found!
This be here a Moorish haven!
There's no foothold all around!
You must not approach the Sultan,
'Til the sun at last hath set.

Y mañana os dará cita,
No penséis que es por temor,
Sino él por darles tiempo,
Para vuestra prevención.

DON ALFONSO:

Moro, mis prevenciones,
Están en manos de Dios.
Y a Santiago invocaremos,
Mientras tengamos la voz.

DON FEDERICO:

Calurosos españoles,
El pie derecho pondré,
Invocando los dulces nombres,
De Jesús, María y José.

DON EDUARDO:

¡Valientes leones de España!
¡Valerosos guerreros!
Hoy nos conviene la empresa,
Del tan sagrado madero.

DON ALFONSO:

Mañana a las meras once,
Marquen bien lo que hago:
Derrotaré el castillo,
En el nombre de Santiago.

He will see you on the morrow,
And it's not for fear, you bet.
'Tis but time for you to gather,
All your horses and your men.

DON ALFONSO:

Moor, my limits are prescribed now
By God's hand as is His choice.
We'll invoke Saint James the Slayer,
While we've still so strong a voice.

DON FEDERICO:

Valiant Spaniards off to battle!
With our right foot we shall start,
Holding Jesus, Mary, Joseph
All together in our heart!

DON EDUARDO:

Lions great of Spain most worthy!
Valiant warriors so brave!
It behooves us now to hasten,
And the Holy Cross to save.

DON ALFONSO:

Mark this well, for this I promise:
On that same eleventh hour,
In the morn I'll strike the castle
With St. James' most fearsome
power.

THE CHRISTIANS AND THE MOORS

Don Federico:

Cuiden bien, malditos moros,
Ese premio tan ganado,
Que ni con la ayuda de Alá,
Ése podrá ser salvado.

Don Eduardo:

Hasta mañana, valientes,
Nos vamos retirados,
Que la noche no es larga,
Y ya estamos bien cansados.

Don Federico:

Guard ye well, ye Moors accursèd,
That great prize ignobly won,
For not even could your Allah
Save the prize we'll seize at dawn.

Don Eduardo:

'Til tomorrow, knight most valiant,
We shall see ourselves retired,
For the night advances quickly,
And we're all so very tired.

Escena 8

Scene 8

El Gran Sultán:

Ya la prenda está ganada;
Cautiva la prenda rica,
Que entre los cristianos,
Es la prenda de más estima.
Y les juro por Mahoma,
Ni por el oro de Turquía
A los cristianos se la diera;
En la torre permanecería.
¡Bailen victoria, amigos!

The Great Sultan:

The great prize is won most richly,
Captive here within our hands,
'Tis the prize most highly valued,
Over all the Christian lands.
And I swear now by the Prophet,
In all Islam there's no gold
That would ransom for the Christian,
That Cross in our tower hold.
Dance to victory, my friends!

Escena 9

Scene 9

Don Alfonso:

Ea, calurosos soldados,
No tengáis ningún temor,
Que vuestro jefe os anima;
En él tenéis un campeón.
Dios, en Su encendido amor,
Murió para redimir;
Se abrazó con la Cruz,
Y nos enseñó a morir.

Don Alfonso:

Come ye soldiers ever-ardent!
Have no fear for worthily,
'Tis your captain who is calling,
And a champion claims to be.
'Twas Our Lord with love unyielding,
Who embraced the Cross and death,
For to give us our redemption,
By example and last breath.

Hoy, sangre ha de correr,
Hoy se ha de eclipsar el sol
Del humo y fuego que brotan,
De las armas del español.
Hoy no se me escapa la Turquía,
Para darles nuevo temor,
Que aunque me falten soldados,
Me sobra esfuerzo y valor.
Y así, Divino Estandarte,
Pues en tu defensa voy,

Blood shall flow before the sunset,
And the sun itself shall fade,
Clad by smoke and fiery blossoms,
From the arms of Spaniards made.
Not a Turk shall now escape me,
To wreak havoc and remorse,
For the soldiers that I'm lacking,
Are replaced by strength and force.
And so, Standard, ever godlike
Your defense I shall fair wield.

(A Don Federico)

(To Don Federico)

Vé y dile al Turco,
Que en la campaña estoy.

Go and tell the Moor I'm waiting,
Ever ready on the field.

Don Federico:

Obedezco tu mandado,
Y me voy sin dilación,
Dios quiera que no me pesquen,
Y me hagan chicharrón.

Escena 10

El Gran Sultán:

Selín, mira que allí viene
Un cristiano presuroso.

Selín:

Saldré a recibirlo . . .
¿Qué dices, cristiano brioso?

Don Federico:

Allá en la campaña,
Don Alfonso ya está,
Y a morir o vencer,
Por la Cruz, dispuesto está.

Selín:

Señor, éste es un cristiano,
Que con desenfado tal,
Viene a echar un desafío
De su jefe general.

El Gran Sultán:

Dile que yo, de mi parte,
No quisiera averiguar.
Qué me dé cien doblones,
Y la Cruz se ha de llevar.

Don Federico:

Señor, voy a avisar,
Más pienso que es en vano.
Don Alfonso está dispuesto,
A morir por la Cruz a mano.

Don Federico:

I shall follow, Sire, your orders,
Without pause and to my toil,
May God grant I'll not be captured,
For they'd fry me in hot oil.

Scene 10

The Great Sultan:

Selín, there's a man approaching.
'Tis a Christian with quick stride.

Selín:

I shall sally forth to greet him . . .
What's the reason for this ride?

Don Federico:

On the battlefield impatient,
Don Alfonso is predisposed,
For the Cross to die or vanquish,
Though by thousands be opposed.

Selín:

He's, my lord, a sturdy Christian,
Who has come here to proclaim
A great challenge from his leader.
'Tis the reason why he came.

The Great Sultan:

Say, I do not relish quarrel,
And to argue, I disdain.
For doubloons, by count a hundred,
He may take the Cross away.

Don Federico:

Without pause I'll take your message,
But I think in vain it be.
Don Alfonso, for this relic,
Well-prepared to die is he.

Escena 11	Scene 11
El Gran Sultán:	**The Great Sultan:**

Vé y vuelve ya muy pronto,

La respuesta espero yo,
Y mi ansia acrecienta
Por saber qué respondió.
¿Dónde habrá en toda España
Un soldado de valor,
Que me resista las fuerzas,
Y me luche con calor?
En todo el mundo no hay nadie
Que se oponga contra mí,
Y a mis fuerzas gigantezcas,
Y el imperio que cogí.

Go with haste and come back
quickly,
His response most anxiously
I'll await with trepidation,
'Til I hear what answered he.
Where, in all of Spain, most worthy,
Is a soldier brave and bold
Who can now resist my power,
And undo my mighty hold?
In the world there's none to fight me,
Who may stand and wrong redress,
This, my overwhelming power,
In the kingdom I possess.

Escena 12	Scene 12
Don Federico:	**Don Federico:**

Don Alfonso, mi buen dueño,
El Sultán así mandó:
Qué le mandes cien doblones

Por la Cruz que se llevó.

Don Alfonso, my good master,
For the prize, the Sultan said,
He would take a hundred
doubloons,
And you'd get the the Cross instead.

THE CHRISTIANS AND THE MOORS

Don Alfonso:

Dile que la Cruz Santa
No tiene precio en dinero.
Que yo le pagaré
Con mis armas de acero.

Don Alfonso:

Our True Cross is past all treasure.
It's beyond all gold and pearl,
But if metal he is seeking,
My steel sword I shall unfurl.

Escena 13

Scene 13

Don Federico:

Dice el grande Alfonso,
Que a la guerra está dispuesto,
Que al impulso de las armas,
Le dará el dinero justo.

Don Federico:

Great Alfonso's ever ready,
And to war he thus exerts,
By shear force of arms to give you,
As he would, your just desserts.

El Gran Sultán:

Dile que mucho tarda,
Que a la guerra me promuevo,
Que el Dios cristiano ha muerto,
Y Alá es el Dios nuevo.

The Great Sultan:

Tell him he too long doth tarry.
For toward war, I'm moved, I say,
Since the Christian God is lifeless,
And great Allah rules this day!

Escena 14

Scene 14

Don Federico:

Señor, dice que ya tardas,
Que no teme al mundo entero,

Don Federico:

Sire, he says you tarry ever,
For he fears no man on earth,

Y que vayas prevenido,
Con tus soldados guerreros.

Don Alfonso:

En el nombre de la Cruz,
Y del verbo humanado,
Cada soldado que marche,
A su puesto apuntado.

Los tres españoles:

¡Santiago! ¡Santiago!
¡La fuerza de la fe,
Y los dulcísimos nombres,
De Jesús, María y José.

You must go prepare with soldiers,
Who are warriors of worth.

Don Alfonso:

By our Cross and by our Savior,
Who took flesh upon this space,
Let all soldiers hasten forward,
Each to his appointed place.

The Three Spaniards:

By St. James, the Moorish Slayer!
By the faith we hold so dear!
And by Jesus, Mary, Joseph,
Whose sweet names we do revere!

El Gran Sultán:

Selín, ya los españoles
Están todos en su puesto.
¡Qué se apronten escuadrones,
Y comienze el encuentro.

Selín:

Obediente a lo que mandas,
Ya Selín ha prometido
Que hoy van a ver los cristianos,
Quien sois vos y quien son ellos.
Apartaos, alavenses,
Para dar encuentros bellos,

The Great Sultan:

All the Spaniards there, Lord Selín,
Are in place up to a man.
Let our squadrons hasten forward,
It is time the fight began.

Selín:

I obey your every order,
As I promised verily.
And today shall Christians witness,
Who they are and who are we.
All ye Alavese, go forward,
Heeding now the battle call,

| Con el favor del Profeta, | With the favor of the Prophet, |
| Ganaremos mil trofeos. | We'll win trophies for us all. |

MAHOMA:

MOHAMMED:

¡Adelante, abencerrajes!	Let us go forth, sons of courage!
¡No carezcan de valor!	Do not let your valor quail!
¡Ataquen a los lobos!	We must cut down the attackers,
¡No les dejen dar temor!	And let not their will prevail!
Ganamos la empresa;	Here we have the holy relic,
La tenemos toda y una,	Which we captured none too soon,
Aquí en nuestro campo,	And we hold it in our campground,
Bajo el signo de la luna.	'Neath the symbol of the moon.

DON FEDERICO:

DON FEDERICO:

Esforzado Don Alfonso,	Don Alfonso, ever valiant,
Cuyos laureles aspiran,	Whose ambitions yet aspire
Del más elevado monte,	To those planes most elevated,
De la Turquía conocida,	Which the Saracens admire,
Ya seguro vas estando,	You may rest assured, undoubting,
De esta ilustre compañía.	In illustrious company,
Jamás vió el miedo en la cara,	Which knows not the dread forebodings

Y se repite con porfía:	And repeats it stubbornly:
De ser cada uno el primero,	Each would be the first in valor
El que al enemigo embista.	To attack the enemy.
Y así, señor, no dilates	You must heed, Sire, their example,
La acción sin que se repita	And before the day shall see
El sol su antigua carrera.	The sun run its course most fully.

LOS MOROS Y LOS CRISTIANOS

Resuenen las melodías,
De las cajas y tambores,
De nuestras tropas marinas.
Los días se me hacen años,
Las horas son prolijas,
Hasta que del enemigo
Pique la cerviz altiva.
Pues a marchar, compañeros,
En·bien acertadas filas.
Marcha y batalla la tropa,
Pues el celo que me anima
Anúnciame la victoria.
Y así, amigos, ¡viva,
Nuestra divina patrona,
Que es la Santa Cruz divina!

Don Alfonso:

¡Adelante, valerosos!
¡Ese castillo a rendir!
Hoy veréis, canalla infame,
De vuestra braveza el fin.
Santiago Matamoros,

Me ha de socorrer,
En·mi gran esfuerzo,
La Cruz a reponer.

(Sigue la batalla. Don Eduardo se redime con recapturar la Cruz.)

We must sound the melody,
With the drums to give the warning
To our troops down by the sea.
Every day seems like an eon,
And the hours slowly traipse,
'Til the enemies most haughty
I shall strike upon their napes.
Let us march now, dear companions,
In our files well-defined,
Let us march into the battle,
For the zeal I feel inside
Now portends an easy victory.
And thus, long live, friends of mine,
The celestial intercessor,
This, our Holy Cross divine!

Don Alfonso:

Let us go forth, sons of valor,
To the castle, to defend,
For today marks, race accursèd,
All your valor at an end.
May Saint James the Moorish
　　Slayer,
Aid me in this enterprise,
As I take the Cross and set it
Right before the army's eyes.

(The battle now takes place. Don Eduardo redeems himself by recapturing the Cross.)

Escena 15

Scene 15

Don Eduardo:

¡Oh soberano Estandarte!
¡Oh triunfo de los cristianos!
¡Que cautiva entre los moros
Te vi, y ahora en mis manos!
¿Cómo podré yo ponderar,
Regocijo elevado,
Que hoy tiene mi corazón,

En tan excesivo grado?
Sólo dando a Dios las gracias,
Y humilde se las doy,
Al soberano Dios eterno,
Dueño del triunfo de hoy.
Aquí tenéis en mis manos,
El Estandarte elevado,
Que para nuestro rescate,
Formaste desde antemano.
¡Bendígante tus criaturas,
Por tu saber siempre claro,
Y qué todos te conozcan
Por su hacedor soberano!

Don Eduardo:

Here at last, the Holy Standard,
Which for Christians, triumph be!
By the Moors it once was captured,
But it now rests here with me.
How can I today thus ponder
This great rapture edified,
Which doth fill my heart
      completely,
Leaving it well-satisfied?
But to God alone thanksgiving,
Which I render humbly,
'Twas this sovereign God eternal
Who redeemed it verily.
And you see here, in my clutches,
The great Standard, most sublime,
Which was formed for our salvation,
Long before the start of time.
May all creatures bless the Father,
For his great sagacity.
May they always recognize Him,
As Creator sovereignly.

El Gran Sultán:

The Great Sultan:

(Arrodillado a los pies de Eduardo)   *(Kneeling at Eduardo's feet)*

Cristiano, ya tu valor,
Me tiene a tus pies postrado.
Te pido por esa Cruz,
Y por tu Dios venerado,
Que me des la libertad,
Que ya estoy desengañado,
Que sólo tu Dios es el grande,
Y Mahoma todo engaño.

At your feet, oh mighty Christian,
Your grand courage left me late.
I implore you, by that relic,
And the God you venerate,
That you yield to me my freedom,
Since you've come to satisfy,
That your God alone is worthy,
And Mohammed but a lie.

Don Eduardo:

Don Eduardo:

Aquí entre mis brazos,
Tengo al fin el Leño Sagrado,
A ti te concedo tu vida,
A ti y a todos tus vasallos.

Since I now behold this relic,
In my arms, the Holy Wood,
Both to you and to your vassals,
I bequeath your lives anew.

El Gran Sultán:

The Great Sultan:

Agradezco tus finezas,
Don Eduardo, en sumo grado,
Por seguir la ley Cristiana,
Pues, tu Dios te ha premiado.

I appreciate your kindness,
Don Eduardo, filled with awe,
For your God rewards you kindly,
As a vassal of His law.

Selín:

Selín:

Bajo el signo de la Cruz,
Y de la fe trina y una,
Nos rendimos a Jesús
Y renunciamos a nuestra Luna.

'Neath the shadows of the Cross now
By the faith that's three and one,
We surrender now to Jesus,
And renounce our Moon anon.

THE CHRISTIANS AND THE MOORS

NARRADOR:

Paraninfos soberanos,
Acudid a la Santa Cruz,
Que hoy nos ha salvado,
Y nos alumbra con su luz.

CORO #2:

¡Qué la Santa Cruz triunfe!
¡Y que arda el inicuo!
¡Qué triunfe la sentencia,
Destruyendo su imperio!
¡Qué la Santa Cruz triunfe!
Como es el sacro leño,
Y triunfe para siempre,
Destruyendo su imperio!
Y la Santa Cruz, es cierto,
Para siempre triunfará,
Por los siglos de los siglos,
Y su bendición dará.
¡Qué la Santa Cruz ahora,
Nos alumbre el camino,
Y qué ella nos defienda,
De los crueles enemigos!
¡Qué la Santa Cruz ahora,
Como nuestro sacro leño,
Viva ahora para siempre,
Y por los siglos eternos!

Fin

NARRATOR:

Sovereign heralds of glad tidings,
Toward the Holy Cross, take flight,
Which today has saved us wholly,
With its ever-lasting light.

CHORUS #2:

Let the Holy Cross now triumph!
Let it blaze with unquenched fire!
Let its will now triumph ever,
And destroy the Moors' empire.
Let the Holy Cross now triumph!
Let its sacred wood now, Sire,
Be triumphant through the ages,
And destroy the Moors' empire!
For the Holy Cross, 'tis certain,
Shall forever vanquish all,
And bestow throughout the ages
Its great blessing on us all.
Let the Holy Cross most gentle
Shed its light along our way,
And become our best defender,
From our enemies today.
Let the Holy Cross forever,
As the sacred wood not cease,
To live on in us forever,
For unending centuries!

The End

Los matachines desenmascarados

Los Matachines Unmasked

Introducción

Por las noches del invierno,
Al sonido del violín,
Preparamos los cupiles,
Pa' bailar el matachín.

La Danza de los matachines es una antigua tradición en el Sudoeste hispánico. Originó en España hacia el fin de la Época Medieval y conmemora un gran asunto de ese tiempo.

España es un país que ocupa 80 por ciento de la Península Ibérica. Es un país fundado en la religión Católica Romana. Esta herencia cristiana fue amenazada en el año 711, cuando los moros cruzaron desde la costa norte de Africa y ocuparon España por los próximos 781 años. El primer moro quien, por tradición, puso pie en España lleva por nombre Tarik. El lugar adonde cruzó desde entonces se ha conocido como Gebel-al-Tar en Arabe, o ya sea Gibraltar, cuyo nombre significa "Montaña de Tarik."

A través de los siglos hubo mucha resistencia contra estos nuevos invasores en España. En una de las primeras batallas, llamada la Batalla de Covadonga, Pelayo de Asturias luchó con gran valentía contra la ocupación morisca de España. Naturalmente, la resistencia continuó por mucho tiempo, concerniendo a tales personajes históricos como Don Rodrigo Díaz de Bivar, conocido en la historia como El Cid Campeador.

En el año 1492 Granada, la última ciudad ocupada por los moros, volvió a caer en manos cristianas. Granada está situada en la parte sur de España, en la región llamada Andalucía. Con la reconquista de Granada, España por fin quedó cristiana. Las doce regiones comenzaron a consolidarse en una identidad nacional.

Al norte de Granada está el pueblo de Santa Fe, donde un dramaturgo desconocido escribió el drama *La batalla de los moros y los cristianos* en 1503. El drama recuenta la historia del Gran Sultán quien le pide al Príncipe Selín que les robe la Santa Cruz a los soldados españoles. Selín envía a su siervo Mahoma, quien emborracha al centinela, Don Alfonso. Pero los españoles se muestran tan feroces en la defensa de su Santa Cruz que al final la recapturan y el Gran Sultán renuncia su luna creciente y queda confirmado en el cristianismo.

Los españoles trajeron este drama para México después de la conquista de los mexica (aztecas). Les presentaron el drama con esperanzas de que los indios mexicanos también tomarían el mensaje del Príncipe Selín y convertirse en cristianos. Pero el drama fracasó en un punto fijo: Los indios no entendían el español del día. Los trajes, sin embargo, les encantaron y entonces se guardó el rito pero el significado se perdió por siglos.

A través de los años el drama adquirió más simbolismo ritual. Ambos soldados moros y cristianos adquirieron el nombre de matachín. La palabra mat-

Introduction

When the winter nights are lively,
With the violin's enhance
We prepare the great headdresses,
For the Matachines dance.

The Dance of Los Matachines is an ancient tradition in the Hispanic Southwest. It originated in Spain toward the end of the Middle Ages and commemorates a great event of that time.

Spain is a country that occupies 80 percent of the Iberian Peninsula. It is a country steeped in the Roman Catholic faith. This Christian heritage was threatened in the year 711, when the Moors crossed over from the north African coast and occupied Spain for the next 781 years. The first Moor who, by tradition, set foot in Spain was named Tarik. Since that time the place to which he crossed has been known as Gebel-al-Tar in Arabic, or Gibraltar, a name meaning "Mountain of Tarik."

Across the years there was much resistance to these new invaders in Spain. In one of the first battles, known as the Battle of Covadonga, Pelayo de Asturias fought bravely against the Moorish occupation of Spain. Naturally, the resistance continued throughout the centuries, involving such historical characters as Don Rodrigo Díaz de Bivar, known to history as El Cid Campeador.

In the year 1492 Granada, the last of the Moorish strongholds, fell back into Christian hands. Granada is situated in the south part of Spain, in the region known as Andalucía. With the reconquest of Granada, Spain regained its Christianity anew. Its twelve regions began to be consolidated into one vast national identity.

To the north of Granada is the village of Santa Fe, where in the year 1503 an unknown playwright penned the play *The Battle of the Christians and the Moors*. The drama recounts the story of the Great Sultan who asks Prince Selín to steal the Holy Cross from the Spaniards. Selín sends his servant Mohammed, who makes the sentinel Don Alfonso drunk with wine. But the Spaniards are so adamant in the defense of their Holy Cross that finally it is recaptured and the Great Sultan renounces his crescent moon and is converted to Christianity.

The Spaniards brought this play to Mexico after the conquest of the Meshica (Aztecs). They presented the drama to them in the hope that they too would take a cue from the Moors and convert to Christianity. But the drama failed because of one pivotal point: the Indians didn't understand Spanish. They were enchanted by the costumes, however, and so the ritual was practised but without the meaning, which was lost for centuries.

Throughout the years the drama gained more and more ritual symbolism. Both Moorish and Christian soldiers acquired the name of Matachines. The

achín es una corrupción de la palabra árabe mudduajjihn, o ya sea "espíritus mudos." Matachines eran ya conocidos en varios países en Europa. En Italia se llamaban mattacchinos. En Escocia hacían una danza llamada "La danza moresca."

Los doce matachines se convirtieron en las personificaciones de las doce regiones de España. Otros les atribuían, por simbolismo, los doce obispos de Roma o los doce apóstoles de Jesús. Los que preferían bailar el drama al comienzo del año nuevo les dieron la designación de los doce meses del año.

Hay aún algunos que reclaman que los matachines no originaron en Europa sino que en el Nuevo Mundo. Estos reclaman que los doce matachines representan a las doce tribusecas en México (como los aztecas, toltecas, zapotecas, chichimecas, olmecas, y en fin).

Siendo la cosa como sea, hoy día hay arriba de cuarenta y dos grupos de matachines reconocidos desde México hasta Pueblo, en el estado de Colorado. Cada grupo tiene sus propios movimientos e interpretaciones. Hay grupos en México donde los matachines danzan con máscaras atadas atrás del cupil. Los matachines de Tortugas, cerca de Las Cruces, Nuevo México, se postran ante la imagen de Nuestra Señora de Guadalupe (cuya imagen todavía está pisando la luna creciente de los moros). Tejen sus paños en el suelo en forma de un rayo como la gran serpiente de México. La Malinche entonces la viene a pisar. En el pueblo de Jémez en Nuevo México, hay dos versiones de los matachines. Un grupo ejecuta la danza europea tradicional con violín y guitarra y el otro lo ejecuta con el sonido indígena del tombé.

Hay muchos otros variantes. Algunos grupos tienen más de una Malinche. Las Malinches que bailan en la mañana se visten de color rosa. Las Malinches del día se visten de blanco y las Malinches de la tarde se visten de azul. Quizás tengan los colores algo que ver con la luz del día o con aspectos diferentes de la luna. Los Abuelos a la Malinche también le refieren como "el Bulto Blanco," término que se usaba para la novia en un casorio.

Los Abuelos son los espíritus ancestrales de los hispanos. Muchas veces andan vestidos de negro al estilo clérigo. Cuando esto sucede, representan a los inquisidores de la Iglesia Católica o a párrocos u obispos no populares. En muchos lugares los Abuelos usan chongos o trenzas al estilo indio. Es interesante notar también que cuando Los matachines se baila en pueblos indios, los Abuelos usan cara blanca como los españoles.

En las descripciones de la Danza de los matachines en este texto, me he limitado en mayoría a la danza como se hace en mi pueblito natal de Arroyo Seco en el estado de Nuevo México. He dirijido la danza por más de veinte años y cada vez aprendo más y más.

word *matachín* is a corruption of the Arabic word *mudduajjihn*, or "mute spirits." Matachines were already known in various parts of Europe. In Italy, they were called mattacchinos. In Scotland they used to do a dance called "the Morris Dance" (the Moorish Dance).

The twelve Matachines became the living personifications of the twelve regions of Spain. In other symbolism, they became the twelve bishops of Rome or the twelve Apostles of Jesus. Those who prefer to dance the drama at the start of the new year assigned them the personification of the twelve months of the year.

There are even those who claim that the Matachines did not originate in Europe, but in the New World. They claim that the twelve Matachines represent the twelve-ecs tribes of Mexico (such as the Aztecs, the Toltecs, the Zapotecs, the Chichimecs, the Olmecs, and so forth).

Whatever the case, today there are over forty-two different recognized groups of Matachines, all the way from Mexico to Pueblo in the state of Colorado. Every group has its own movements and interpretations. There are groups in Mexico where the Matachines dance with masks bound to the back of their mitres. The Matachines from the village of Tortugas, just south of Las Cruces, New Mexico, prostrate themselves before the image of Our Lady of Guadalupe (whose image still treads on the crescent moon of the Moors). They weave their handkerchiefs in the form of a lightning bolt that looks much like the great serpent of Mexico. Malinche comes forth to stamp on it. In the village of Jémez, in New Mexico, there are two traditional versions of Los Matachines. One clan executes the traditional, European-style dance with a violin and a guitar. The other executes it to the indigenous sound of a drum.

There are many other variations. Some groups have more than one Malinche. Malinches that dance in the morning are dressed in pink. Those Malinches that dance in the day are clad in white and the Malinches of the evening wear blue. Perhaps the colors have something to do with the light of the day or the different phases of the moon. Malinche is also known to the Abuelos as "the White Ghost," a term formerly used to refer to brides in weddings.

Abuelos are ancestral spirits of the Hispanic people. Many times they are dressed in black, in clerical fashion. Whenever this happens, they represent inquisitors of the Catholic Church or priests or unpopular bishops. In many places the Abuelos wear their hair in ponytails or pigtails; in Indian fashion. It is interesting to note also that whenever the Matachines are danced in Indian pueblos, Abuelos wear white canvas faces that look like the Spanish people.

Es importante también notar que la danza no es más que una en la gran serie de dramas y danzas que trajeron los primeros pobladores a ésta, la frontera más norteña del imperio español. Se puede analizar como auto sacramental o comedia de moralidad; de la batalla entre el bien y el mal. Naturalmente, quien escribe el drama escoge cuál es el bien y cuál es el mal.

Espero que disfruten de este texto y de mis humildes dibujos y que aprendan algo de lo que es ésta, la única danza que bailan ambos hispanos e indios.

In the descriptions of the Dance of Los Matachines in this text, I have limited myself mainly to the dance as it is done in my native village of Arroyo Seco, in the state of New Mexico. I have directed the dance for over twenty years and each time I learn more and more.

It is important to note too that the dance is nothing more than one in a great series of dramas and dances that the first European settlers brought to this northernmost frontier of the Spanish Empire. It may also be analyzed as an auto sacramental or morality play; of the battle between good and evil. Naturally, whoever writes the play gets to choose which is the good and which is the evil.

I hope you will enjoy this play and my modest drawings contained therein and that you will learn a little about the only dance shared by both Hispanic and Indian peoples.

El Matachín

El Matachín es uno de doce danzantes que bailan ante el Monarca y la Malinche. Usa un cupil decorado sobre la cabeza. Por la parte de atrás del cupil corren unos listones largos. El cupil representa a los doce obispos de Roma. En una mano lleva una palma. La palma representa la idea de la Trinidad de que hay tres personas en un sólo Dios. En la otra mano lleva un guaje. El guaje le da el ritmo a la danza junto con el violín y la guitarra. El guaje es de influjo indígena. El Matachín también usa una capa con prendedores en los hombros y un taparrabo de la cintura. Sobre el rostro superior, el Matachín tiene los ojos ocultos por el fleco del cupil. Sobre la parte inferior del rostro, el Matachín tiene la boca oculta por un mascado. El Matachín se ve muy elegante en su camisa blanca y pantalones y chaleco negros.

El Matachín

The Matachín is but one of the twelve dancers who dance in front of Monarca and Malinche. He wears a decorated mitre upon his head. From behind the mitre run many long, different-colored ribbons. The mitre represents the twelve bishops of Rome. In one hand he carries a three-pronged wand. This wand represents the Trinitarian idea of three persons in one God. In his other hand he carries a rattle. The rattle gives rhythm to the dance, along with the violin and the guitar. The rattle comes from Indian influence. The matachín dancer also wears a cape clipped at the shoulders with brooches and a loincloth hanging from his waist. On the upper part of his face, the matachín dancer has his eyes hidden by the fringe of the mitre. On the lower part of his face, the matachín dancer hides his mouth with a scarf. The matachín dancer looks very elegant in his white shirt and black pants and vest.

El Monarca

El Monarca es el rey de los matachines. Él representa al Príncipe Selín en la historia de la batalla entre los moros y los cristianos. También representa a Moctezuma, quien era rey de los mexica, como se llamaban los aztecas antes. El Monarca usa una corona en la cabeza, surmontada de flores y una cruz. Su traje es completamente blanco. Su palma es dorada. Usa elegantes guarda-piernas blancas en la parte inferior del pantalón. Es el deber del Monarca de subyugar a los matachines y enseñarlos a bailar a su modo de él. También los guía en el movimiento que se llama La Mudada. Cuando no está bailando, el Monarca siempre está sentado con la Malinche a su lado. Es el deber del Monarca de bautizar al Abuelito cuando nace en la danza.

El Monarca

El Monarca is the king of the matachín dancers. He represents Prince Selín in the story of the battle between the Christians and the Moors. He also represents Moctezuma, who was king of the Meshica, as the Aztecas used to call themselves. On his head, Monarca wears a crown surmounted by flowers and a cross. His attire is completely white. His three-pronged wand is gold. He wears fancy white leggings on the lower part of his pants. It is the job of Monarca to subjugate the matachín dancers and teach them how to dance as he dances. He also guides them in the movement called La Mudada. When he isn't dancing, Monarca sits with Malinche at his side. It is his duty to baptize the baby Abuelo when he is born in the dance.

La Malinche

La Malinche representa el espíritu de la pureza en la Danza de los matachines. Como el Monarca, ella también se viste completamente de blanco. En la danza, ella es hijita del Monarca. Históricamente, la Malinche era la mujer quien sirvió de intérprete para Hernán Cortez en su conquista de México. Dice la leyenda que tuvo dos hijitos con Hernán Cortez pero él la rechazó después. Para vengarse de él, mató a sus dos hijitos, ahogándolos en el lago de México. La Malinche ocupa un puesto de honor en los corazones de la gente hispana de las Américas. Ella es reconocida como la madre de todos los mestizos.

La Malinche

La Malinche is the spirit of purity in the dance of the Matachines. Just as Monarca, she too is dressed completely in white. In the dance, she becomes the daughter of Monarca. Historically, though, Malinche was a lady who served as interpreter for Hernán Cortez in his conquest of Mexico. Legend has it that she bore two sons to Hernán Cortez, but that he rejected her afterward. In order to wreak her vengeance, she killed her children by drowning them in the Lake of Mexico. Malinche holds a place of honor in the hearts of all Hispanic people of the Americas. She is honored as the mother of all who share both European and Native blood.

El Abuelo

El Abuelo es el espíritu ancestral de toda la gente hispana. Duerme en su cue-
vita en la sierra todo el año. Una vez al año sin embargo, durante el tiempo de
la Navidad, despierta de su sueño y baja para guiar la danza de Los matachines. Se ve muy feo en su traje y sombrero negro. Tiene una barba muy
larga y traquea un chicote. Es el deber del Abuelo de dirigir la danza de Los
matachines, llamando las vueltas y movidas. En la danza, también es su deber
de capar al Toro y de ayudarle a la Abuela con el nacimiento del Abuelito.

El Abuelo

El Abuelo is the spiritual ancestor of all Hispanic people. He sleeps in his little cave high up in the mountains all year long. Once a year, however, during the Christmas season, he awakens from his sleep and comes down to lead
the dance of the Matachines. He looks awful in his black outfit and hat. He
wears a long beard and he cracks a whip. It is the responsibility of the Abuelo
to direct the dance of the Matachines, calling out the turns and movements.
In the dance, he must also castrate the Bull and help the Abuela with the birth
of the little baby Abuelito.

La Abuela

La Abuela es la compañera del Abuelo. Usa un tápalo, enaguas largas, un delantal, y traquea un chicote. Ella tiene por tarea de asegurar de que los listones de los matachines estén bien. Les ayuda también con sus capas y cupiles. Le tiene miedo al Toro. Después de que el Toro es capado, ella se deja caer en el suelo y pare a un Abuelito. A veces ella corre por el nombre de la Pirojundia. Esto es porque no es verdadera mujer. Tiene aspectos de hombre y de mujer a la misma vez. La Abuela siempre es un hombre disfrazado de mujer vieja.

La Abuela

La Abuela is the consort of the Abuelo. She wears a head scarf, long skirts, an apron, and she cracks a whip. It is her duty to make sure that the ribbons of the matachín dancers are all right. She also helps them with their capes and mitres. She is very afraid of the Bull. After the Bull is castrated, she falls to the ground and bears a little Abuelito. She is sometimes known as La Pirojundia. This is because she is not really a woman. She is part man and part woman at the same time. La Abuela is always a man disguised as an old woman.

El Toro

El Toro es la personificación del mal en la danza de Los matachines. Es la Cosa Mala que anda en todas las fiestas tratando de derrotar la alegría. El Toro es hombre y animal a la misma vez. Baila con las patas de adelante recargadas sobre dos palitos decorados. Brama y patalea la tierra, enfurecido con el Abuelo. Cuando por fin le toca bailar, siempre hace la reverencia cuando pasa ante el Monarca y la Malinche. Es conocido también como el Capeo porque es capado por el Abuelo. En otros países, esta parte de la danza es conocida como la danza del Minotauro. Es una versión estilizada de lo que hace el matador con el toro en las corridas.

El Toro

El Toro is the personification of all evil in the dance of the Matachines. He is the spirit of evil which is always at every feast trying to disrupt the joy. El Toro is both man and animal at the same time. He dances with his forepaws resting upon two decorated dowels. He bellows and paws the ground, furious with the Abuelo. When he finally does get to dance, he must always bow before Monarca and Malinche whenever he comes before them. He is also known as El Capeo because he is castrated by the Abuelo. In other countries, this part of the dance is known as the dance of the Minotaur. It is a stylized version of what the bullfighter does with the bull in bullfights.

El guitarrero

El guitarrero es uno de los músicos quienes dan el ritmo a la danza de Los matachines. Junto con el violinista, guía la procesión de los matachines cuando primero aparecen en público. Durante la danza, el guitarrero está sentado en una silla al lado opuesto de la Malinche con los matachines bailando entre medio de ellos. En cierto sitios, en vez de un guitarrero, se usa un tombecero para dar el ritmo a la danza. Esto se hace donde hay más influjo indígena que español. Pero generalmente, el guitarrero es quien se usa en la mayoría de los pueblecitos donde se baila Los matachines.

The Guitarist

The guitarist is one of the musicians who gives rhythm to the dance of the Matachines. Along with the violinist, he guides the procession of matachín dancers whenever they first appear in public. Throughout the dance, the guitarist is seated opposite Malinche; on the far side, with the matachín dancers between them. In certain places, instead of a guitarist, a drummer is used to give the rhythm to the dance. This occurs wherever there is more Indian influence than Spanish influence. Generally speaking, though, the guitarist is used in the majority of villages where Los matachines is danced.

El violinista

El violinista es uno de los más importantes miembros de la danza de Los matachines. Él tiene que saber el tono de las nueve piezas diferentes que componen la danza. Tiene que trabajar con los Abuelos, y enseñarles cuando sea tiempo de llamar las vueltas. El violinista aprende las piezas diferentes de la danza de sus antepasados. Aprende a distinguir una tonada de otra y también el duración de cada una de ellas. En otros tiempos del año, los violinistas tocan para los bailes, los Días, la entriega de los mayordomos, y para los prendorios.

The Fiddler

The violinist is one of the most important members of the dance of Los Matachines. He must know the tune of each of the nine different melodies that comprise the dance. He must work with the Abuelos, and instruct them about just when it is time to call out the twirls of the dance. The violinist learns the different movements of the dance from his ancestors. He learns to distinguish one tune from the next as well as learn the length of each one. At other times of the year, violinists play at dances, for New Year's mumming, the exchange of mayordomos, and for the ceremony of giving away the bride.

Primer movimiento: La Procesión

Los matachines se han estado preparando en secreto. Se ayudan unos a otros a vestirse en sus trajes brillantes. Cuando están listos, se paran en filas de dos en dos. Así como en cada movimiento, La Procesión también comienza con una vuelta. Los primeros en la fila son los Abuelos, seguidos por el Monarca y la Malinche. Después ya vienen los músicos, los doce matachines y el Toro. Pasan en forma de procesión que es muy semejante a la marcha de los novios que se usa en otras fiestas. Cuando se acaba La Procesión, los músicos están sentados a un extremo de la arena al otro lado del Monarca y la Malinche. Los matachines están volteados hacia el Monarca.

First Movement: The Procession

Los Matachines have been getting ready in secret. They help one another get dressed in their brilliant costumes. Whenever they are ready, they stand in double file, two by two. Here, as in each of the movements, the dance begins with a twirl in place. The first in line are the Abuelos, followed by Monarca and Malinche. After them come the musicians, the twelve matachín dancers, and Toro. They stride in procession, very similar to the March of the Newlyweds in other feasts. When La Procesión is over, the musicians are seated at one end of the arena, opposite the side of Monarca and Malinche. Los Matachines are turned, facing Monarca.

Segundo movimiento: la Malinche

Ahora se levanta la Malinche del lado del Monarca, le hace la reverencia, y coge su palma. Ella va a guíar a los danzantes a su propio ritmo. Los Abuelos la guían a ella por el medio de las dos filas de danzantes. Cuando llega a donde están los músicos sentados, regresa hacia el Monarca, bailando a cada paso. Cuando por fin está de nuevo ante el Monarca, se hace la que le va a dar la palma pero cada vez que él trata de cogerla, ella se la retira hacia la dirección opuesta. Los Abuelos están parados a su lado animándola con gritos de "¡Engáñalo hijita, engáñalo!" Por fin ella le devuelve la palma y se sienta a su lado.

Second Movement: La Malinche

La Malinche now rises from her seat by Monarca, bows to him, and takes his three-pronged wand. She now leads the dancers with her own rhythm. The Abuelos, in turn, lead her through the middle of the double file of dancers. When she gets to where the musicians are seated, she returns toward Monarca, dancing each step of the way. When she is once again in front of Monarca, she pretends that she is going to return his wand, but whenever he reaches out for it she pulls it in the opposite direction. The Abuelos are standing at her side encouraging her with cries of "Play him for the fool, my daughter!" She finally gives him the wand, then sits down at his side.

Tercer movimiento: el Monarca

Ahora se levanta el Monarca del lado de la Malinche para enseñarle cómo puede él guiar a los matachines. Comienza con la vuelta tradicional, pero con un ritmo más rápido que el de la Malinche. Él también baila por entre medio de las dos filas de matachines. Ellos ahora imitan el paso de él. Los Abuelos nomás lo observan a poca distancia. Cuando llega a donde están sentados los músicos, se da la vuelta y sigue bailando hasta que regresa a su propio trono. No hay duda ahora de quién es el jefe de la danza. Se sienta el Monarca y los matachines siguen bailando hasta que para la música.

Third Movement: El Monarca

Monarca now rises from the side of Malinche in order to show her how he can lead the matachín dancers. He begins with the traditional twirl in place, but with a more accelerated rhythm than the one used by Malinche. He too dances between the two files of matachines. They now imitate his dance steps. The Abuelos can only watch him from a distance. When he reaches the place where the musicians are seated, he turns around and continues dancing until he returns to his own throne. There is no doubt now as to who is the chief of the dance. Monarca sits and the matachines continue dancing until the music comes to a halt.

Cuarto movimiento: la corona (primera parte)

Se levanta el Monarca por segunda vez. Los matachines se dan la vuelta tradicional y luego se voltean todos frente a frente como cuatro pies aparte unos de otros en la misma fila de danzantes y de los matachines en la fila opuesta. Levantan la palma, extendiendo el brazo hasta que la palma toca la punta de la palma del matachín de la fila opuesta. Estando así todos, el Monarca ahora baila por debajo de este palio de palmas extendidas y los matachines imitan su paso. Cuando ha pasado hasta el otro lado, regresa el Monarca de la misma manera por debajo del palio. Repite eso dos veces más o hasta que se acaba la música.

Fourth Movement: The Crowning (Part One)

Monarca now gets up for the second time. The matachín dancers execute the traditional twirl in place and turn, facing each other about four feet apart from both the dancers in their own file and the matachín dancers in the file opposite them. They raise their wands, stretching out the arm until it is touching the point of the wand of the matachín opposite them. Once everyone is in place, Monarca now dances under this canopy of extended wands and the dancers imitate his dance step. Once he has reached the other side, Monarca returns by the same movement underneath the canopy. He repeats this two more times or until the music comes to a halt.

Cuarto movimiento: La Corona (segunda parte)

Los matachines ahora se dan la vuelta y se ponen frente a frente como en la primera parte de La Corona. Todos se hincan y ponen sus palmas de punta a punta en el suelo para que formen una serie de puertecitas. El Monarca se levanta y, siguiendo el ritmo de la música, brinca el primer par de palmas y pasa para atrás. Las brinca por segunda vez y entonces los primeros matachines las abren. El Monarca hace lo mismo con cada par de puertecitas hasta que las ha brincado todas. Ahora al regresar, cada vez que pasa un par de matachines, ellos se levantan e imitan su paso. Primero bailan dos, luego cuatro, luego seis, luego ocho, luego diez, luego doce. Cuando se levanta el último par, el Monarca se sienta y el movimiento termina.

Fourth Movement: The Crowning (Part Two)

The matachín dancers now execute the twirl in place and face each other as in the first part of La Corona. They all kneel and place their wands point to point on the floor so as to form a series of little gates. Monarca gets up and, following the rhythm of the dance, jumps over the first pair of wands and steps back across. He then jumps over them a second time, and then the first pair of matachín dancers open them up. Monarca does the same with each set of gates until he has jumped over them all. Now, as he is returning, every time that he passes a pair of matachín dancers, they rise and imitate his step. First only two are dancing, then four, then six, then eight, then ten, then twelve. When the last pair rises, Monarca sits down and the movement comes to an end.

Quinto movimiento: la mudada (primera parte)

Ahora se levantan el Monarca y la Malinche y se paran enfrente de todos los matachines. Otra vez ellos se han dado la vuelta y están frente a frente. El Monarca baila, seguido de cerca por la Malinche, quien trae las manos en la cintura. Mudan a los matachines, uno a la vez, para puestos diferentes en la fila opuesta. Por ejemplo, el primer matachín es mudado para el puesto duodécimo y el duodécimo para el puesto primero. El séptimo matachín es mudado para el puesto sexto, y el sexto para el puesto séptimo. El segundo matachín es mudado para el puesto undécimo, y el undécimo para el puesto segundo. El octavo matachín es mudado para el puesto quinto, y el quinto para el puesto octavo. El tercer matachín es mudado para el puesto décimo, y el décimo para el puesto tercero. El noveno matachín es mudado para el puesto cuarto, y el cuarto para el puesto noveno. Estando todo hecho, el Monarca y la Malinche se sientan.

Fifth Movement: The Empire Rearranged (Part One)

Monarca and Malinche now rise and stand in front of all the matachín dancers. Once again they have executed their twirl in place and are face to face. Monarca leads, followed closely by Malinche, who is dancing akimbo. They move the matachín dancers about, one by one to the file opposite their own. The first matachín, for example, is moved to the twelfth position and the twelfth dancer to the first. The seventh dancer is moved to the sixth spot and the sixth dancer to the seventh spot. The second matachín goes to the eleventh spot and the eleventh dancer is moved to the second place. The eighth dancer is moved to the fifth place and the fifth dancer goes to the eighth place. The third dancer is moved to the tenth spot and the tenth dancer goes to the third spot. The ninth dancer is moved to the fourth and the fourth dancer goes to the ninth place. Having done all of this, Monarca and Maliche sit down.

Quinto movimiento: la mudada (segunda parte)

El momento que el Monarca y la Malinche se sientan, los Abuelos traquean sus chicotes. Los matachines acuden al sonido del chicote. Ejecutan la doble vuelta y comienzan a moverse como en marcha de novios. Mientras que el Monarca y la Malinche los están mirando, ellos regresan a sus puestos originales en forma de danza. A pesar de tanta labor que se habían dado para mudarlos, al final los matachines no obedecen a ningún maestro que a Los Abuelos. Los Abuelos vienen a recoger las palmas de las manos de Los Matachines y ellos se preparan para ejecutar el siguiente movimiento.

Fifth Movement: The Empire Rearranged (Part Two)

The moment that Monarca and Malinche sit down, the Abuelos crack their whips. The matachín dancers hasten to the sound of the whip. They execute the double twirl in place and begin to move as in a wedding march. As Monarca and Malinche are watching, they return to their original places in the form of a dance. Despite the pains they had taken to move them, in the end the matachín dancers obey no other master than the Abuelos. The Abuelos come to take the wands from the hands of the dancers as they prepare to execute the next movement.

Sexto movimiento: la tejida

Los Abuelos alistan un palo viejo de donde penden doce listones de cuatro colores. El palo está surmontado de un ramillete de flores brillantes. Los matachines se ponen alrededor del palo como los números en un reloj de sol. Los Abuelos les dan los listones, alternando los colores diferentes. Ahora los matachines se enfrentan de dos en dos de manera que seis van a bailar hacia un rumbo alrededor del palo y los otros seis hacia el otro rumbo. Los primeros comienzan yendo por arriba del primer danzante y por debajo del listón del segundo. Los segundos danzantes comienzan yendo por debajo del listón del primer danzante y por arriba del segundo. Se repite el proceso hasta que está tejido el palo. Para destejer el palo, los danzantes se voltean al rumbo opuesto de del tejido y repiten el proceso.

Sixth Movement: The Weaving

The Abuelos prepare an old maypole from which hang twelve ribbons of four different colors. The maypole is topped by a bouquet of brilliant flowers. The matachín dancers gather around the pole as numbers on the face of a sundial. The Abuelos hand each of them a ribbon, alternating the different colors. The matachín dancers face each other, two by two, so that six are facing clockwise around the pole and the other six, counterclockwise. The first six begin to dance by going over the first dancer and under the ribbon of the second. The second set of six go under the first dancer and over the second. They repeat this process until the maypole is woven. In order to unweave the maypole, the dancers turn in the opposite direction from which they wove it and repeat the process.

Séptimo movimiento: el Toro

Durante el tiempo en que los matachines han estado tejiendo el palo, el Toro ha estado rabiando y manoteando la tierra con sus palos. Ahora, nomás en cuanto los matachines han ejecutado la doble vuelta, el Toro entra por el medio de las dos filas bramando. Viene por el lado de los músicos. Con sus palos trata de pisarle los pies a los matachines quienes están frente a frente en las filas. Cada vez que pasa el Toro por delante del Monarca y la Malinche, les hace una profunda reverencia. Los Abuelos andan por detrás de los matachines, muy acongojados, tratando de tirarle lazos al Toro. Por fin el Abuelo se da valor y lo laza. Rápidamente tira al Toro en el suelo, saca una navajita, y lo capa, mostrando los cojones al público.

Seventh Movement: The Bull

Throughout the time that the matachín dancers have been weaving the maypole, Toro has been pawing the ground with his poles. Now, the minute that the dancers have executed the double twirl in place, Toro rushes into the middle of the double file, bellowing. He comes in from the side of the musicians. With his poles, he tries to step on the feet of the dancers who are facing each other in the files. Every time that he passes in front of Monarca and Malinche, Toro bows deeply to them. The Abuelos scurry about behind the dancers, terribly anxious, trying to cast lassos at Toro. Finally Abuelo musters up courage and lassos him. Quickly he ties up Toro on the ground, takes out a little pocketknife, and castrates him, holding up his testicles to the public.

Octavo movimiento: el Abuelito de la sierra

El momento que el Toro es capado, la Abuela se cae en la tierra, gritando como una mujer que va a dar a luz. El Abuelo corre a ayudarle hasta que de repente ella pare a un Abuelito. El Abuelo le ayuda a levantarse y ambos bailan alegres. Entonces llevan al Abuelito a ser bautizado por el Monarca. El Monarca le da un nombre al Abuelito y el recién nacido es llevado a la sierra a dormir en una cueva hasta la próxima vez que se presente la Danza de los matachines.

Eighth Movement: The Little Ogre of the Mountain

The very moment that Toro is castrated, Abuela falls on the ground, yelling like a lady who is about to have a baby. Abuelo hastens to help her until suddenly she bears a little baby Abuelito. Abuelo helps her get up and they both dance happily. They then take the Abuelito to be baptized by Monarca. Monarca gives him a name and the little newborn Abuelito is taken to the mountains to sleep until the next time the Dance of Los Matachines is performed.

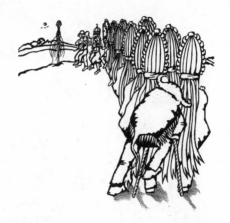

Noveno movimiento: la despedida

Con el nacimiento de un nuevo espíritu ancestral, la Danza de los matachines queda completa. Ahora se levantan los músicos y el Monarca y la Malinche al mismo tiempo. Mientras los músicos tocan, el Monarca y la Malinche guían a los matachines en La Despedida. La Despedida es el último movimiento, que se ejecuta en forma de una marcha como La Procesión cuando entraron al principio. Los músicos guían a los matachines para sus casas y los van dejando en las puertas hasta que ya no hay nadie. El baile de Los matachines es importante porque es la única danza ejecutada por ambos hispanos e indios.

Ninth Movement: The Departure

With the birth of a new ancestral spirit, the dance of Los Matachines is complete. Now the musicians and Monarca and Malinche rise at the same time. As the musicians play, Monarca and Malinche guide the matachín dancers in La Despedida. La Depedida is the last movement, which is executed in the form of a march much like La Procesión, done at the beginning when they first came in. The musicians guide the matachín dancers back to their homes, leaving each dancer at his door until none remain. The dance of Los Matachines is important because it is the one dance executed by both Hispanic and Indian people.

Los tres Reyes Magos

The Three Kings

Introducción

Había un tiempo cuando, en muchas iglesias y hogares, se pintaba lo siguiente en el lintel de la puerta mayor: C+M+B. Estas tres letras solían representar en latín la oración: *Christus mansionam benedicat.* En español quiere decir: Cristo bendiga este hogar. Muchos veían estas letras C+M+B y de ellas sacaron la tradición que representaban a los nombres de los tres Reyes Magos: Caspar, Melchor, y Baltazar.

En el nombre de estos tres Reyes Magos entonces, se pedían regalitos llamados Aguinaldos el día 6 de enero. Los que caminaban de puerta en puerta esa noche cantaban lo siguiente: "Dénos aguinaldos. Dénos aguinaldos. Sí nos han de dar. Sí nos han de dar. Que la noche es fría y tenemos que andar. Que la noche es fría y tenemos que andar." La tradición de pedir los Aguinaldos en el nombre de los tres Reyes Magos desapareció en los años cincuenta. La reemplazó la tradición de pedir los Oremos en aa Nochebuena. Semejante a los que pedían los aguinaldos, los que pedían los oremos iban de puerta en puerta. Sin embargo, ellos no cantaban. Ellos gritaban lo siguente en las meras puertas: "¡Oremos, oremos, angelitos *semos*! ¡Del Cielo venimos a pedir, oremos! ¡Si no nos dan oremos, puertas y ventanas quebraremos!"

También la tradición de los oremos desapareció a mediados de los años sesenta. Fue reemplazada por la tradición de pedir Mis Crismes. Los muchachitos se levantaban muy temprano el mero día de la Navidad e iban de puerta en puerta gritando, "¡Mis Crismes! ¡Mis Crismes!" Entonces, los vecinos les abrían las puertas y les daban dulces y fruta. Los últimos muchachitos que salieron a pedir Mis Crismes desaparecieron a fines de los años ochenta.

Mucho ha cambiado la tradición desde los días de los aguinaldos. El aguinaldo marca la tránsición del mero día de la Navidad al día de los Reyes Magos, también conocido como la Epifanía. El verso del aguinaldo trata de temas religiosos y profanos, y a veces se mezclan los dos. Se canta después de la Navidad por un solista acompañado por un coro. En general, los aguinaldos no tienen título pero todos conocen el tono. Son acompañados por instrumentos seculares como guitarras y violines. De un punto de vista melódico, existe una variedad de aguinaldos. Hay aguinaldos cagüeños o majos con tono mayor, caracterizados por la alegría: "La Virgen lavaba. San José tendía. El Niño lloraba, Joaquín lo mecía. Pasaron los Reyes y viene la Octava. Dios nos dé salud para celebrarla."

También hay aguinaldos jíbaros con tono menor, caracterizados por la composición ruda y campestre: "Fue llamado Adán el hombre que Dios primero formó en el terrenal. Un día, sin pensar Adán le llamaba. Dijo: 'Me hace falta compañía a mi lado.' Y vió su pecado por una manzana."

La versión del drama *Los tres Reyes Magos* que aquí presentamos nos viene de un manuscrito hecho por la mano de Don Reyes N. Martínez del valle de

Introduction

There was a time when, in many churches and homes, the following initials were inscribed over the main doorway: C+M+B. These three letters were supposed to represent the Latin sentence: *Christus mansionam benedicat*. In English it stood for Christ bless this house. Many would see the letters C+M+B and from them came the tradition that they stood for the names of the Three Kings: Caspar, Melchior, and Baltazar.

In the name of these Three Kings, then, people would ask for little tokens called Aguinaldos on the sixth of January. Those who would walk from door to door on that night would sing the following: "Give us Christmas tidings. Give us Christmas tidings. Sure you won't say no. Sure you won't say no. For the night is chilly and we've far to go. For the night is chilly and we've far to go." The tradition of asking for Aguinaldos in the name of the Three Kings disappeared in the 1950s. It was replaced by the tradition of asking for *Oremos* on Christmas Eve. Similar to those who would ask for Aguinaldos, those who begged for Oremos would go from door to door. They did not sing, however. They would shout the following at the very door: "We come forth from Heaven as angels to pray. We ask for some goodies from your home today. If you will not give them we'll break every door and break every window and then, pray some more!"

The tradition of asking for *Oremos* also disappeared toward the middle of the 1960s. It was replaced by the tradition of begging for Mis Crismes. The children would rise very early on Christmas morn and go from door to door yelling, "*Mis Crismes! Mis Crismes!*" Then their neighbors would open the doors and give them candy and fruit. The last of the children who carried on the tradition of begging for Mis Crismes disappeared in the 1980s.

Much has changed since the days of the Aguinaldos. The aguinaldo marks the transition from Christmas day itself, to the day of the Three Kings, which is also known as the Epiphany. The verse of the aguinaldo treats religious and profane themes, with both often intermixed. It is sung after Christmas by a soloist accompanied by a choir. Generally speaking, aguinaldos have no title but everyone recognizes their tone. They are accompanied by secular instruments such as guitars and violins. From a musical point of view, there exists a variety of aguinaldos. There are Aguinaldos Cagüeños also called Majos in major keys, characterized by joy: "Mary did the washing. Joseph hung it out. And the Child whimpered. Joachim cradled him. The Wise Men went by. The Octave is come. May God give us health to celebrate it."

There are also Aguinaldos Jíbaros in minor keys characterized by crude and ordinary composition: "Adam was the man that God first formed out of earth. One day, without thinking, Adam called to him. He said: 'I need a companion at my side.' And he saw his sin realized through an apple."

Arroyo Hondo. Se ven varios temas sagrados y profanos entremezclados. El Rey Herodes es el antítesis des los tres Reyes Magos y enemigo mayor del Niñito Jesús. Herodes siempre va vestido de trajes rojos. Así cuando se le aparece Lucifer también de rojo, el auditorio ve muy visualmente que son como hermanos los dos. Chapín, como el nombre sugiere, es un mensajero de estatura menor. Él es el elemento cómico en el drama, así como lo es Barriga Duce en *Los comanches*, Bartolo en *Los pastores*, Apetito en *Adán y Eva*, Padre Chico en *Las cuatro apariciones*, los Abuelos en *Los matachines*, y Eduardo en *Los moros y los cristianos*. Las matronas que lloran anticipan en sus gemidos a la Virgen María, quien ha de llorar a Jesús tres veces en la vida: cuando lo pierde en el templo, cuando lo ve en la Calle de la Amargura, y cuando lo tiene que depositar en el sepúlcro.

Por tradición, los Tres Reyes Magos se postraron ante el Niño Jesús y le ofrecieron tres dones muy extraños. A través de los siglos, estos dones se han explicado de varios modos. Se cuenta que le dieron oro para proclamarlo rey. Le dieron incienso para proclamarlo sacerdote. Y le dieron mirra para proclamarlo profeta. Otros académicos aseguran de que los dones eran más prácticos que simbólicos. El oro era para mantener a la familia en sus años en Egipto. El incienso era para cuando hablara Jesús en el templo, y la mirra se usaría para embalsamar su cuerpo después de muerto. Otros aciertan que el oro era el único don simbólico. El oro fue dado para ayudarle a la familia en sus años de exilio en Egipto. El incienso era para fumigar y purificar el establo así como se usaba en la iglesia medieval, y la mirra se mezclaba con leche para proteger al Niño contra la lombriz; enfermedad intestinal muy común entre los niños de esa época.

Los tres Reyes Magos no es una larga pieza. Sin embargo es una de importancia porque marca el fin de la temporada de Adviento expresada por estos dramas cíclicos.

The version of *The Three Kings* that we present here comes to us from a manuscript penned by the hand of Don Reyes N. Martínez of the valley of Arroyo Hondo. In it, several themes of both the sacred and the profane are intertwined. King Herod is the antithesis of the Three Kings and the main enemy of the Baby Jesus. Herod is always clad in robes of red. Thus when Lucifer appears, also in red, the audience very visually sees that the two are as brothers. Chapín, as his name indicates, is a messenger of short physical stature. He is the comic element in this drama just as Barriaga Duce is in *Los comanches*, Bartolo in *Los pastores*, Apetito in *Adán y Eva*, Padre Chico in *Las cuatro apariciones*, los Abuelos in *Los matachines*, and Eduardo in *Los moros y los cristianos*. The Weeping Madonnas anticipate, in their tears, the Virgin Mary who must weep for Jesus three times throughout her life: (1) when He is lost in the temple, (2) when she sees him on the road to Golgotha, and (3) when she must deposit him in the tomb.

By tradition, the Three Kings prostrate themselves before Baby Jesus and offer him gifts which are very strange. Across the centuries, these gifts have been explained in a variety of ways. It is said that they gave him gold to proclaim him king. They gave him incense to proclaim him priest. They gave him myrrh to proclaim him prophet. Other academicians assert that the gifts were more practical than symbolic. Gold was given to support the family in its years of exile in Egypt. Incense was used to fumigate and purify the stable just as it was used for that very purpose in the medieval church. Myrrh was mixed with milk and given to the Child as a worming medicine, a very common malady among children in that epoque.

The Three Kings is not a very long play, but it is an important one. It marks the end of the Advent season expressed in the cycle of liturgical folkdramas.

Los tres Reyes Magos	The Three Kings
Escena 1	**Scene 1**
Letra 1	*Chorus 1*
Atención, noble auditorio,	Your attention, worthy audience.
Y a nuestra corporación,	Harken now to our troupe too.
Y a todo este consistorio,	I repeat, give your attention
Repito y pido atención,	To all that we say and do.
Y a todo este consistorio,	I repeat, give your attention
Repito y pido atención.	To all that we say and do.
(Procesión de los Reyes)	**(Procession of the Three Kings)**

Baltazar:	**Balthazar:**
Yo soy el Rey Baltazar,	I am old King Balthazar,
Desde lejos he seguido	And I've followed that bright sign;
Aquella brillante estrella,	Namely, that star up in Heaven
Que anuncia al Rey Divino.	Which fortells the King Divine.

Letra 2

Éste es un rey, un rey del Oriente,
Éste busca al Niño inocente,

Éste es un rey que agrada a Dios.
Anda, anda, noble rey.

CASPAR:

Yo soy el Mago Caspar.
Vengo con mucha alegría,
Buscando al Hijo Divino,
De San José y María.

Letra 3

Éste es un rey, un rey del Oriente,
Éste busca al Niño inocente,

Éste es un rey que agrada a Dios.
Sigue, sigue, noble rey.

MELCOR:

Yo soy el Mago Melcor.
Con hermanos reyes vengo,
Para ver si es verdad
Que al Mesías ya lo tengo.

Letra 4

Éste es un rey, un rey del Oriente,
Éste busca al Niño inocente,

Éste es un rey que agrada a Dios.
Busca, busca, noble rey.

BALTAZAR:

Reyes Caspar y Melcor,
Ya sabéis cómo hace tiempo
Que los siglos desde Balám
Para acá han pasado rigurosos.

Chorus 2

This is a king, an Orient sovereign,
Seeking the Child who's destined to
    govern,
This is a king in favor with God.
Hasten, hasten, noble king.

CASPAR:

I'm the monarch named Caspar.
In my joy I do not tarry,
For I seek the little infant
Son of Joseph and of Mary.

Chorus 3

This is a king, an Orient sovereign,
Seeking the Child who's destined to
    govern,
This is a king in favor with God.
Follow, follow, noble king.

MELCHIOR:

I am Melchior the regent.
With my brother kings I wander,
For to find the truth I'm seeking
Of the Savior that I ponder.

Chorus 4

This is a king, an Orient sovereign,
Seeking the Child who's destined to
    govern,
This is a king in favor with God.
Seek ye, seek ye, noble king.

BALTHAZAR:

Brothers, Melchior and Caspar,
You well know the time severe,
Since the prophesies of Balam
Up to now, has passed austere.

También sabéis que una dicha	And you also know an augur
Que se espera y que da ansia	Which is longed for since days passed,
Al ánimo ya se tarda.	Causing our steel nerves to falter,
Hermanos, ¡ya se ha cumplido!	It, my brothers, comes at last!
Solomón, nuestro abuelo,	Solomon, our predecessor
Que fue trono tan fecundo,	From his fertile throne withall,
Sabía del testimonio que ha de venir	Knew this news forcast and coming
Y que será legislador de nosotros todos.	Which would govern one and all.
Ya nace quien será nuestro juez	Now is born our judge, dispatcher
Y despensor de la noche del pecado.	Of the night of sin that be.
David dice que su reino ha de ser	David says His reign's the greatest
El más glorioso de mar en mar.	Spanning sea to shining sea.
El profeta Daniel siente que	That all tribes with joy should serve Him,
Las tribus han de servirle con gozo	Was proclaimed by Daniel fair,
Y que en tiempo de setenta semanas	In three score and ten weeks coming
Lo verán nuestros ojos.	Our own eyes behold Him there.
Y así, reyes hermanos,	And so, brother kings I'll hasten
Yo propongo ponerme en marcha regia	To go forth with regal speed
Y de ir siguiendo aquella estrella	As I follow Jacob's star which
De Jacob que es misteriosa.	Enigmatic is indeed.
Buscaré al rey divino.	I shall seek the godly sovereign
Esto es lo que determino	And determine by and by,
Y éste es el fin	Not to rest 'til I behold Him
Al que me dispongo.	With my undeceiving eye.

Caspar y Melcor:

Poderoso Rey Baltazar,
Estamos listos para servirle en todo.
Lo seguiremos en busca
De este rey nuevo.

Caspar:

El ver a Dios es
La suma razón de nuestra existencia.

Melcor:

No delatemos más.
Vayamos a ver al Mesías.

Baltazar:

No seamos perezozos.

Caspar:

Denos alas a nuestro deseo.

Baltazar:

Hagamos prisa y no tardemos.

Melcor:

Para rendirnos gloriosos.

Caspar:

Para postrarnos humildes,

Baltazar:

Para ofrecernos cariñosos,

Caspar y Melcor:

Con nuestro ser y potencia
Y con nuestros corazones.

Melcor:

Yo le llevaré incienso,
Y así proclamo que Él es sacerdote.

Caspar:

Yo le llevaré mirra
Y así proclamo que Él es profeta.

Caspar and Melchior:

Balthazar, most mighty sovereign,
Predisposed in everything,
We are ready now to follow
In your quest for this new king.

Caspar:

We have but one goal in being:
It's to see the God on earth.

Melchior:

Let us hasten and not tarry
For to see Messiah's birth.

Balthazar:

We, in this, must not be slothful.

Caspar:

Let us give wings to our quest.

Balthazar:

We must hasten and not tarry.

Melchior:

To receive that glory best.

Caspar:

To prostrate ourselves most humbly,

Balthazar:

To surrender from the start,

Caspar and Melchior:

With our being and our power
Giving our submissive heart.

Melchior:

With this incense I proclaim him
To be priest in every way.

Caspar:

With this myrrh I too proclaim him
To be prophet here today.

THE THREE KINGS

BALTAZAR:

Y yo le llevaré oro,
Y así proclamo que Él
Es rey de todo el mundo
De hoy en adelante.

TODOS JUNTOS:

Que todos los de sabiduría
Hagan a Él homenaje, porque
Él es el repositorio
De toda nuestra esperanza.

BALTHAZAR:

With this gold thus in my clutches
I proclaim that He is king
In the world now and forever,
Mighty lord of everything.

ALL THREE TOGETHER:

And let every man of wisdom
Render homage unto him,
For He's the repository
Of our every hope and whim.

Escena 2

Scene 2

(En el palacio de Herodes)

(In the palace of Herod)

Letra 5

Chorus 5

Argumenta, aunque confuso,
Herodes las profecías,
Pero mucha duda pone
Que ya es nacido el Mesías,
Pero mucha duda pone
Que ya es nacido el Mesías.

Herod disputes with confusion
All the prophecies forlorn,
But he doubts with his own reason
The Messiah yet is born,
But he doubts with his own reason
The Messiah yet is born.

SUETONIO:

Nunca se ha visto en el mundo,
Señor,
Un rey más poderoso que Vos.

HERODES:

Siéntate pues, hijo mío,
Y sabrás de mis intentos poco mejor.

SUETONIO:

Dios os guarde, rey noble,
Y que continúe a bendiciros aún
Con más riquezas y poderes.

SUETONIO:

Never has there been,
your worship,
A more mighty king than you.

HEROD:

Sit down here, my child, and listen
And you'll learn my purpose true.

SUETONIO:

May God keep you, noble sire,
And persist to bless you too
With more riches and with power.

HERODES:

Bien te acuerdas, Suetonio,
De las gran batallas de antes.
Sabéis bien como vencí
A los que se me opusieron.
Y ahora, Suetonio,
Te quiero decir otra cosa:
Con la ayuda de los árabes,
Cuadre al César o no le cuadre,
Intento aumentar aún más mi reino.
No habrá rey más poderoso que yo
Desde mar en mar.
Nadie más que el mismo
César será más magno que yo.

HEROD:

Recall now, Suetonio, anew,
All the battles where we triumphed.
You remember how I slayed
Everyone who came against me
And now, son, since I've delayed,
There is something I must tell you:
With the help of Arab troops,
Since I put no stock in Caesar,
I'll enlarge my kingdom groups.
There'll be no more potent regent
From sea far and from sea nigh.
None but Caesar in his splendor
Would be greater, then, than I.

THE THREE KINGS

SUETONIO:

SUETONIO:

Os honro por vuestra sabiduría,
Vos seréis rey mayor, y yo . . .
Pero, ¿qué es esto?
Oigo tocar tombés y pitos.

(Entra Chapín, el mensajero.)

CHAPÍN:

Vuestra majestad,
No sé qué deciros.
Ya se hace noche y nada veo.
Pero, majestad, entre tanto ruido,
Parece que viene una gran caravana,
Rica, de señores de valor.
Cargan ofrendas en demasía
Y tres reyes la guían.

SUETONIO:

I esteem you for your wisdom,
You'll be great and then will I . . .
But what is this that I'm hearing?
Drums and flutes all playing by.

(Enter the messenger, Chapin.)

CHAPÍN:

Many pardons please, your worship.
I know not where to begin.
But night falls and all is blurry,
And my lord, among the din,
A great caravan's approaching
Rich with men of worthy stead.
It is laden with rich offerings
And three kings are at its head.

HERODES:

¿Qué dices, vil y tonto?
¿Vienen a atacarnos,
O vienen como amigos?
¡Abre la boca y habla claro!

CHAPÍN:

(A solas)

Ay, ¿qué madre parió

HEROD:

What say you now, fool and jester?
Are they coming to attack,
Or do they come here in friendship?
Utter clearly without slack!

CHAPÍN:

(Aside)

What ill-starred wench as a mother

A este amargo payaso?

(A Herodes)

Paciencia, señor mío,
Con lo que os he de decir.

SUETONIO:

Escuchen al rumor
Que nos acontece éste.

CHAPÍN:

Estandartes, clarines, tambores,

Pitos, banderas, y mucho más.

SUETONIO:

Este tonto, de la puela
brinca a la lumbre.

CHAPÍN:

Estas críticas no me afectan a mí.
Diga lo que quiera, no hay nadie más
Que yo quien sabe lo que viene.

SUETONIO:

¿Qué dices tú con ello?

CHAPÍN:

Yo hablo en estilo de estudiante.
Yo he estudiado también.
Yo también sé un poquito.
Yo sé por ejemplo que . . .

HERODES:

Yo sé que a palos has de morir,
Si no te declaras bien pronto.

CHAPÍN:

(A solas.)

¡Ay! Aunque mucho sepa,
He de declararme.
Si éste me corta la cabeza,
De nada sirve ser vivo uno.

Bore this angry, bitter clown?

(To Herod)

Patience, lord, and I shall tell thee
Everything I heard in town.

SUETONIO:

Let us harken to the rumor
That this fool's about to tell.

CHAPÍN:

Standards, fifes, and drums
   abounding
Flutes and flags, and more as well.

SUETONIO:

Such a fool as is this herald
Jumps from pan into the fire.

CHAPÍN:

All this blame does not affect me;
And I'll say what I desire,
Since there's none but I who know it.

SUETONIO:

What is that you mumble, liar?

CHAPÍN:

I can speak just as a scholar.
I have studied where I've sat.
And I also know a little.
For example, I know that . . .

HEROD:

I know that you'll die most quickly
From my blows if you don't speak.

CHAPÍN:

(Aside)

I had better now divulge it,
Though, right now it's all but Greek.
But if he should cut my head off,
Then 'twould serve me in the least.

THE THREE KINGS

(A Herodes)	*(To Herod)*
Os digo, vuestra señoría,	I am telling you, your worship,
Que vienen tres reyes del Oriente.	Of three kings, come from the East.
Preguntan por un infante	They are asking for an infant
Que dicen que es el rey de aquí.	Who's a king here of renown.
Izque vienen a adorarlo	They say they have come to worship
Y sus coronas rendir.	And surrender him their crowns.

HERODES:

¿Cómo qué?
¿Ahora, dicen?

HEROD:

What is this that you're repeating?
Have they really said that now?

CHAPÍN:

Sí señor, esto dicen.

Yo no hablo disparates.

CHAPÍN:

Yeah, my lord, that's what they told
   me.
I do not lie anyhow.

HERODES:

Dices bien sin decepciones.
Esto tengo que pensarlo.
Vente, Suetonio, mi hijito.
Tú Chapín, de aquí no sales.

HEROD:

You do speak without deception.
This I'll ponder straight away.
Come, Suetonio, my own infant.
You, Chapín, from here don't stray.

(Herodes y Suetonio se van.)

(Exit Herod and Suetonio.)

CHAPÍN:

(A solas)

CHAPÍN:

(Aside)

Mal hay a quien lo parió.	Cursed be she who bore this tyrant.
Ése sí es rey cruel,	He's a cruel king, this one,
Hombre deceptor y también	A deceiver and the offspring
Hijo de la serpiente de Babilonia.	Of the snake of Babylon.

Escena 3	Scene 3

Letra 6	*Chorus 6*

Con tres cortesías encuentran	With three bows in Herod's presence
A Herodes los reyes magos.	The wise men come at this hour.
Le saludan y le cuentan,	They salute him and address him,
De homenaje le dan pagos,	And pay homage to his power,
Le saludan y le cuentan,	They salute him and address him,
De homenaje le dan pagos.	And pay homage to his power.

(Herodes encuentra a los Reyes Magos.)	*(Herod meets the Three Wise Men.)*

BALTAZAR:

Venimos confiados, Señor,
Que nos ayudaréis con lo que pedimos.

BALTHAZAR:

Full of confidence, your worship,
We have come to seek your aide.

HERODES:

Todo lo que está en mi poder,
Intento darles.

HEROD:

All which is within my power,
I shall grant without delay.

THE THREE KINGS

CASPAR:

(A Melcor)

Como rey, sirve a los reyes.

MELCOR:

La nobleza obliga.

HERODES:

Entren a mi palacio
Y digan lo que se les ofrece.

BALTAZAR:

Noblísimo señor, las señas
Del cielo hemos estado leyendo.

CASPAR:

Ha aparecido una estrella que anuncia
El nacimiento del Rey de los reyes.

MELCOR:

A través de los años la hemos esperado.

Por fin se nos enseña
Y a seguirla nos dedicamos,
Antes que desaparezca de nuevo.

BALTAZAR:

Y acá en vuestro reino,
Venimos a ver, Señor,
Para ver si os habéis visto
La gran seña en el cielo.

CASPAR:

Si ya ha nacido el Mesías verdadero,
Como profetizó Balám,
¿Quién lo supiera mejor que vos,

El rey más poderoso del mundo?

MELCOR:

Este nacimiento esperamos
Y venimos a postrarnos

CASPAR:

(To Melchior)

As a sovereign, he serves sovereigns.

MELCHIOR:

'Tis his rank, compels him clear.

HEROD:

Enter now within my palace,
And declare what brought you here.

BALTHAZAR:

Noble lord, up in the heavens,
We have studied signs and things.

CASPAR:

For a star has there appeared
To announce the King of kings.

MELCHIOR:

And across the years we've waited.

Here at last we see it true,
And we are compelled to follow
Before it is gone anew.

BALTHAZAR:

We have come into your kingdom
Hoping you might tell us, sire,
If perhaps you too have seen it
In the sky as a great fire.

CASPAR:

If the true Messiah's born now
As Balaam's forcast unfurled,
Who would know it more than thou,
   sire,
As a great king of this world?

MELCHIOR:

This nativity awaiting
We have come to bend our knee

Y a rendirle nuestros cetros	And surrender up our scepters,
Y en su servicio ofrecernos.	In his service verily.

HERODES:

Pues no hallo qué responderles.

HEROD:

I do not know what to tell you.

CHAPÍN:

(Al auditorio)

¡Este Herodes sí miente a lo perro!
¡Ellos piensan que les habla
en verdades
Pero algo trae entre uñas!

CHAPÍN:

(Apostrophe)

Herod's such a lying hound!
They all think he speaks
sincerely
But he hides a different sound!

HERODES:

Reyes Magos, honro su entendimiento
Y espero que logren lo que buscan.
Pero para que no hayan dudas,
Qué pase mi experto de leyes.

HEROD:

Brother kings, I laud your wisdom.
May you find that which you seek.
But to thus dispel your doubting,
Let my expert come to speak.

CHAPÍN:

A Herodes no le gusta pensar que un rey
En pañales le arrebate la corona.

CHAPÍN:

Herod doesn't like to ponder
Newborn kings who'd snatch his
    crown.

(Entra Suetonio y se ahinca.)

(Suetonio enters and kneels.)

SUETONIO:

Espero, señor, sus preceptos.
A vuestras órdenes estoy.

SUETONIO:

I await, my lord, your precepts
To your orders, I bow down.

HERODES:

Levántate, Suetonio. Es necesario
Saber si ya ha nacido el Mesías.
Estos señores desean saberlo,

Yo también, y todo el mundo.

SUETONIO:

Pues, según los libros,

El eclesiástico afirma que cuando nazca,
Toda la tierra temblará.

Zacarías dice que los santos y ángeles
Han de venir placenteros.
Se dice también así:
" . . . Y tú, Belén de Galilea,

No eres menos entre las estrellas de Judá.
De ti vendrá, oh ciudad de David,
A este pobre mundo
El que arrebatará el poder eterno . . ."

HERODES:

(A solas)

El que arrebatará el poder eterno . . .

Y quitarme mi reino.

(A los tres Reyes)

Ya han oído, señores míos,

Lo que dicen las escrituras.
Crucen pues mi ciudad.
Hallen al Niño Rey y cuando lo hallen,
Vuelvan sin tardar a decírmelo,
Para poder ir yo también a alabarle.

BALTAZAR:

Que Dios os guarde, gran rey.

HEROD:

Rise, Suetonio. It's necessary
To discern Messiah's birth.
These great lords would like to
know it,
As would I and all the earth.

SUETONIO:

In the books I've gleaned these
portents
From the scribe who prophesies,
When He's born the earth shall
tremble.
Zacariah says likewise,
That the saints and joyful angels
Will come with him and says he:
" . . . and you Bethlehem, most
humble
Both in Judah and Galilee,
Are not least among their treasures.
David's city, for from thee
Comes He who shall snatch the
scepter . . ."

HEROD:

(Aside)

Comes He who shall snatch the
scepter . . .
Take my kingdom all from me.

(To the Three Kings)

You have heard, my lords, the
readings
Which the holy scriptures gave.
Go across my lands and seek him,
And when you have found the Babe,
Then return and give me tidings,
That I too may worship him.

BALTHAZAR:

May God keep you, mighty
sovereign.

CASPAR:	**CASPAR:**
Y os conceda todo lo que deseáis.	May He grant your every whim.
MELCOR:	**MELCHIOR:**
Hasta el postrarnos a vuestros pies.	'Til we kneel again before thee.
HERODES:	**HEROD:**
Id entonces con Dios santo.	Go with God now, truthfully.

Letra 7

Chorus 7

Con tres cortesías se despiden
De Herodes los tres Reyes,
Más que a él también conviden,
Él se queda a hacer sus leyes,
Más que a él también conviden,
Él se queda a hacer sus leyes.

With three noble bows the magi
Take their leave from Herod clean,
Though he too has been invited,
He remains to plot and scheme.
Though he too has been invited,
He remains to plot and scheme.

Escena 4

Scene 4

HERODES:

HEROD:

Ay, ¡cómo sufro!
¿Hay de haber otro rey?
Yo soy el único rey aquí.
No tolero otro.
Si tengo que matarlo, lo mataré.

Now my suffering knows no limits!
So another king's begun?
I alone am total sovereign,
And shall not bow to this one.
If I must, I shall destroy him.

THE THREE KINGS

CHAPÍN:

(Al auditorio)

Yo me esconderé aquí
A ver qué propone hacer Herodes.

HERODES:

(Lucifer viene a tentar a Herodes.)

Ay, ¿cómo figuro esto?

CHAPÍN:

(Apostrophe)

I shall hide now here about
And shall spy on Herod's doings.

HEROD:

(Lucifer comes to tempt Herod.)

I can't figure all this out.

LUCIFER:

¡Herodes, Herodes, Herodes!
Me da mucho placer oírte blasfemar.
Piensa nomás en Satanás
Y de poderes y riquezas te colmaré.
Ya ves cómo te he hecho rico.
Mira cómo vives en lujo y qué te cuesta?
Casi nada . . .

(Al auditorio)

Nomás tu alma.
Juntémosnos los dos como amigos.
Ve lo qué te propongo:
Un rey no llega a ser rey
Si no sale de pañales.
Ordena pues, la destrucción

LUCIFER:

Herod, thrice to thee I beckon
For blasphemes I love with stealth.
Think thee only now on Satan
And I'll give thee pow'r and wealth.
It was I who gave thee riches.
Gave thee wealth beyond thy goal.
It has cost thee almost nothing . . .

(Apostrophe)

Just thine itty-bitty soul.
Let us bond now, then, as comrades.
Harken to what I propose:
A king never sits enthronèd
While he's still in swaddling clothes.
Therefore, order the destruction

LOS TRES REYES MAGOS

De cuanto joven varón se halle en Belén.	Of fair Bethlehem's male seed,
Así te quitas a ese estorbo de encima.	And thou'll thus be rid of this one.
Anda amigo, que yo cuido tu imperio.	Go, my friend, I'll fend for thee.

Escena 5

(Entra José y María con el Niño.)

MARÍA:

Duerme, duerme Niño,
Que tengo quehacer;
Lavar tus pañales
Y hacer de comer.

JOSÉ:

Duerme, duerme Niño,
Pedazo de mi alma,
Tesoro querido,
Lucero del alba.

Letra 8

San José lavaba,
María tendía
Los blancos pañales
Que el Niño tenía.
María lavaba,
San José tendía,
El Niño lloraba
Del frío que hacía.

MARÍA:

Casto esposo mío, ¿qué es ese rumor

Que se nos acerca desde lejos?

JOSÉ:

Es una magna caravana de señores ricos
Que vienen por la luz de la estrella.

Scene 5

(Enter Joseph and Mary with the Child.)

MARY:

Go to sleep, my Baby,
For I've work to do.
I must wash your diapers,
And make supper too.

JOSEPH:

Go to sleep, my Baby.
Like my soul you are.
My belovèd treasure;
My own morning star.

Chorus 8

Joseph did the washing,
Mary hung the chore,
Which were the white diapers
That the Baby wore.
Mary did the washing,
Joseph hung it out,
And the Child whimpered
From the cold without.

MARY:

My chaste husband, what's that rumble
Coming toward us from afar?

JOSEPH:

A great caravan of princes
Guided by the holy star.

(Entran los tres Reyes Magos.)	(Enter the Three Wise Men.)
MELCOR:	**MELCHIOR:**
¡O prodigio de prodigios, Hermosísima doncella, Vaso colmo de virtudes, Seáis bien hallada, María!	Oh great miracle of wonders, Fairest damsel of them all, Crystal vessel full of graces, Mary, well met, in this stall.
CASPAR:	**CASPAR:**
La luz de la estrella, Aunque fuerte que sea, No puede igualar a la luz Que en vuestros brazos reposa.	Though we're blinded by the splendor Of the star that this night warms, It approaches not the splendor Of the one that's in your arms.
MARÍA:	**MARY:**
Vengan en paz, vuestras altezas.	Come in peace, thou mighty sovereigns.
BALTAZAR:	**BALTHAZAR:**
De palabras no hay cuidado. El rey en pañales vence todas lenguas. ¿Cuál es el nombre del Niño?	There's no need for words so mild. All are stilled by him in diapers. But what did you name this Child?
MARÍA:	**MARY:**
Jesús.	Jesus.

(*Todos los Reyes se postran y
se quitan las coronas.*)

(*All the kings kneel and
remove their crowns.*)

BALTAZAR:

En el cielo y en la tierra,
Dóblense las rodillas.

BALTHAZAR:

Both on earth and in high Heaven,
Now let every knee be bent.

CASPAR:

Hasta en el abismo del infierno,
Delante nombre tan inocente.

CASPAR:

As they should, in Hell's own chasm
Before this name innocent.

MELCOR:

Confiese toda lengua que el Hijo de Dios
Ha tomado carne entre nosotros.

MELCHIOR:

And let every tongue confess now
That God's Son has taken flesh.

BALTAZAR:

Señor, el signo de este oro
Os proclama rey del mundo.

BALTHAZAR:

Lord, with this gold I proclaim you
Earthly king of all afresh.

CASPAR:

Señor, el signo de esta mirra
Os proclama profeta de profetas.

CASPAR:

Lord, thou prophet of all prophets,
By this myrrh must be a sign.

MELCOR:

Señor, el signo de este incienso
Os proclama pastor de los afligidos.

MELCHIOR:

Shepherd, Lord of those afflicted,
By this incense made divine.

THE THREE KINGS

Letra 9

Por favor tan grande,
Por tan gran franqueza,
De ángeles y hombres
Alabado sea,
De ángeles y hombres
Alabado sea.
Hoy en el mundo la gloria
La vemos en este día
Demos gracias con victoria,
A Jesús, José y María.
Démos gracias con victoria,
A Jesús, José y María.

BALTAZAR:

Sagrada Virgen de los cielos,
Reina llena de alegría,
Por ser madre de Dios,
Te honramos, María.

Letra 10

Dueño eres Tú de todo,
Aún el oro nos desprecias,
Por los vastos altos fines,
De la profunda esencia,

Chorus 9

By this favor which surpasses
Given frankly, verily,
By both men and blessed angels,
May He truly praisèd be,
By both men and blessed angels,
May He truly praisèd be.
On this day on earth the glory,
We have seen as bright as day.
Let us thus give thanks to Jesus,
Joseph and Mary today.
Let us thus give thanks to Jesus,
Joseph and Mary today.

BALTHAZAR:

Holy Virgin of all heavens,
Full of grace as we have seen,
As the mother of the Savior,
Honor we thou, Mary, queen.

Chorus 10

You're the master of creation,
Even gold from us reject.
You prefer the heights most lofty,
On their essence deep reflect.

Por los altos fines,
De la profunda esencia.

CASPAR:

Te entregamos vida y alma,
Con el sincero respeto.
Acepta ahora nuestros cetros,
Aunque sean de corto afecto.

Letra 11

Y que todos te conozcan,
Para que a ti te engrandezcan,
Como Madre Virgen pura,
Limpia, bella, y sin mancha.
Como Madre Virgen pura,
Limpia, bella, y sin mancha.

MELCOR:

Dichoso Señor San José,
Por prodigios que enseñas
Cómo ser padrastro fiel,
Te damos honra y gloria.

Letra 12

Reciban nuevos obsequios,
A la Virgen soberana,
De la concepción dichosa,
María, llena de gracia,
De la concepción dichosa,
María, llena de gracia.
Recibamos de María,
Y de Jesús verdadero,
Nos eche su bendición,
Por altos siglos eternos,
Nos eche su bendición,
Por altos siglos eternos.

MARÍA:

Reyes Magos, vuestros dones
El Niño Jesús los acepta.

You prefer the heights most lofty,
On their essence deep reflect.

CASPAR:

We surrender lives and souls now
With our most sincere respect.
Accept Lord, our humble scepters,
Though they be of brief affect.

Chorus 11

And let everyone perceive you
So they too may sing your praise,
As the Virgin Mother purest,
Stainless, comely, of each place,
As the Virgin Mother purest,
Stainless, comely, of each place.

MELCHIOR:

Worthy art thou, Lord Saint Joseph,
By thy fine example show
How to be a foster father,
And we honor thee thus so.

Chorus 12

Render all those things praiseworthy,
To the sovereign Virgin's place,
Of the immaculate conception,
Mother Mary full of grace,
Of the immaculate conception,
Mother Mary full of grace.
Let us receive now from Mary,
And from Jesus truly then
That they give us all their blessings,
Forever and ev'r, Amen,
That they give us all their blessings,
Forever and ev'r, Amen.

MARY:

Noble kings, the Baby Jesus
Doth accept your presents blest.

Vayan en paz y yo
Me encargo de lo demás.

Caspar:

Volvamos a darle las albricias a Herodes.

Baltazar:

Hemos visto la luz del mundo.

Melcor:

Que él ha dicho que también
Él quiere ver al Niño en el pesebre.

*(Mientras que los tres Reyes
Magos se preparan para irse,
se les aparece un ángel.)*

Letra 13

Es propio de Padre Dios,
Que misericordia ostenta,
De los mayores peligros,
Libera a la inocencia,
De los mayores peligros,
Libera a la inocencia.

Go in peace and I most humbly
Shall take care of all the rest.

Caspar:

Let's take tidings now to Herod.

Balthazar:

Of the brightest light of earth.

Melchior:

That he too may come to witness
At the manger, this great birth.

*(As the Three Wise men are
preparing to leave, an angel
appears to them.)*

Chorus 13

Just in time, from God the Father,
Who shows mercy to us all,
He delivers from grave danger
The kings' innocence withall.
He delivers from grave danger
The kings' innocence withall.

LOS TRES REYES MAGOS

ANGEL:

Ilustrísimos señores que agradan a Dios,
Vengo a decirles que huyan de Herodes.
Él intenta matar a todos los varones,
A los inocentes niños de Belén,
Por celos que le tiene al nuevo rey.
Les ruego, no vuelvan hacia él,
Mas, vayan, todos benditos
Por este otro camino.

BALTAZAR:

Oh gran Dios, te damos gracias
Por el ángel que nos guarda.

CASPAR:

Dándonos a entender que
Aunque sabios somos, poco sabemos.

MELCOR:

Volvamos a nuestros hogares,
A aquellos países calientes,
Mientras que el cruel rey Herodes

Degolla a los santos inocentes.

ANGEL:

Most worthy lords in God's favor,
You must flee from Herod's gaze.
He intends to kill the children
Born in Bethlehem these days.
Of the newborn king he's jealous.
I implore you, don't return
But go back through other pathways
Blest by me, without concern.

BALTHAZAR:

Oh great God, we thank you ever
For the angel guarding low,

CASPAR:

Showing us that in our wisdom,
It is little that we know.

MELCHIOR:

To our homes hence let us hasten,
To great countries sizzling hot,
While cruel Herod slaughters
   children
Innocents of this grim spot.

Escena 6	Scene 6
(Se oyen gritos de dolor.)	*(Shrieks of sorrow are heard.)*

MATRONAS TODAS:	**MOTHERS ALL:**
¡Ay, mi hijo inocente!	My poor child was still blameless!
¡No mates al mío, por el amor de Dios!	Spare mine, for the love of God!
¡Ay, no, no lo mates, no lo mates!	Do not kill him! Do not kill him!
¡Ay de mí, más ay de mí!	All my happiness is flawed!
¡Ay, los degollaron a todos!	They have killed them, every baby!
¡Donde estaban paraditos!	Slaughtered them right where they trod!

MATRONA #1:	**MOTHER #1:**
¿Qué ha hecho mi hijito	What fault had my infant
Que le dan la muerte?	To be put to death?
Él es un inocente,	He was still untainted,
Y su vida de mala suerte.	In his very breath.

MATRONA #2:	**MOTHER #2:**
Mi hijito es un ángel.	My poor son's an angel,
Lo mató Herodes.	Killed by Herod's curse.
Bárbaros verdugos,	And all of these assassins
Que van de malos a peores.	Go from bad to worse.

Matrona #3:

Ya no tengo nada,
Hijo de mi vida.
Aquí quedo triste,
Como madre afligida.

Mother #3:

I have lost my infant,
All my joy's been lifted.
Here am I in sorrow,
Mother who's afflicted.

Matrona #4:

Andale María,
Antes que Herodes
Te mate a tu niño
Y pases por más horrores.

Mother #4:

Hurry hence now, Mary,
Before Herod's men
Come to kill your baby
With great fear again.

Matrona #5:

Un día, María,
Aunque estés cansada,
De la muerte de tu Hijo,
Has de quedar traspasada.

Mother #5:

One day, wretched Mary,
Your heart with a sword
Piercing it, shall witness
The death of your Lord.

Matrona #6:

Mi hijo está muerto,
Lo descoyuntaron,
Y con esa vil espada,
Mi corazón traspasaron.

Mother #6:

My poor son was murdered.
His young bones luxated,
And to that vile weapon
My poor heart was fated.

Angel:

(Hablándoles a María y a José.)

Mira, Madre María,
Cómo lloran esas madres

Angel:

(Speaking to Joseph and Mary)

Turn and see, dear Mother Mary,
All those mothers sadly cry,

Por sus hijitos muertos,
Sacrificados por el vuestro.
Andale José, bueno y casto,
Llévate a tu esposa y al Niño lejos.
Váyanse para el Egipto y no vuelvan
Hasta que no haya muerto Herodes.

MARÍA:

Mira José, mi casto esposo,

Cómo lloraron esas madres
Por sus hijos muertos,
Sacrificados por Jesús.

JOSÉ:

Toma al Niño, esposa mía,
Y muéstraselos al Niño,
Para que con sus propios ojos vea,
Y tenga compasión de ellos.

*(María levanta al Niño y
le enseña a los niños muertos.
En eso, todos comienzan revivir.)*

For their slaughtered little babies
Slain there now because of thine.
Hasten, Joseph good and stainless,
Take your wife and Child likewise.
Flee to Egypt and remain there,
'Til you hear of Herod's demise.

MARY:

See there, Joseph, my chaste
  husband,
How those wretched mothers cried
For their murdered infant children,
For my Jesus sacrificed.

JOSEPH:

Take the Child, my dear lady.
Hold him up that He may see,
With his eyes and have compassion
On their sufferings mightily.

*(Mary holds up the Child and
shows him the dead children.
Just then, they all start to
revive.)*

MATRONA #1:

¡Ay, que mi hijo ha revivido
Con la mirada del Niño!

MOTHER #1:

My dear son was resurrected
By a look from that Child fair!

MATRONA #2:

¡Ay, también el mío vive!
La mirada del Niño lo ha salvado!

MATRONA #3:

¡Mi hijito, ven a los brazos de tu mamá!

MATRONA #4:

¡Alabado sea el Niño Jesús!

MATRONA #5:

¡El Niño es el verdadero Mesías!

MATRONA #6:

¡Bendito sea el Niño Dios!

Letra 14

Una mirada de fe,
Una mirada de fe,
Es la que puede salvar al pecador.

Una mirada de fe,
Una mirada de fe,
Es la que puede salvar al pecador.

Y si tú vienes a Cristo Jesús,

Él te perdonará.
Porque una mirada de fe,

Es la que puede salvar al pecador.

Una mirada de amor,
Una mirada de amor,
Es la que puede salvar al pecador.

Una mirada de amor,
Una mirada de amor,
Es la que puede salvar al pecador.

MOTHER #2:

And mine too again is breathing!
By the Child's gaze, he's been
    spared!

MOTHER #3:

Come to the arms of your mother!

MOTHER #4:

Praised be Jesus, Holy Child!

MOTHER #5:

For the Child's the true Messiah!

MOTHER #6:

Blessed be the Infant mild!

Chorus 14

A look of faith from the Lord,
A look of faith from the Lord,
Is what can save every sinner in the
    end.
A look of faith from the Lord,
A look of faith from the Lord,
Is what can save every sinner in the
    end.
And if you come before Lord Jesus
    Christ,
He'll pardon you, my friend,
For just one look of faith from the
    Lord,
Is what can save every sinner in the
    end.
A look of love from the Lord,
A look of love from the Lord,
Is what can save every sinner in the
    end.
A look of love from the Lord,
A look of love from the Lord,
Is what can save every sinner in the
    end.

Y si tú vienes a Cristo Jesús,	And if you come before Lord Jesus Christ,
Él te perdonará.	He'll pardon you, my friend,
Porque una mirada de amor,	For just one look of love from the Lord,
Es la que puede salvar al pecador.	Is what can save every sinner in the end.
Es la mirada de Dios,	One little look from the Lord,
Es la mirada de Dios,	One little look from the Lord,
Es la que puede salvar al pecador.	Is what can save every sinner in the end.
Es la mirada de Dios,	One little look from the Lord,
Es la mirada de Dios,	One little look from the Lord,
Es la que puede salvar al pecador.	Is what can save every sinner in the end.
Y si tú vienes a Cristo Jesús,	And if you come before Lord Jesus Christ,
Él te perdonará.	He'll pardon you, my friend,
Porque es la mirada de Dios,	For just one little look from the Lord,
Es la que puede salvar al pecador.	Is what can save every sinner in the end.

Fin   **The End**

Acerca del autor

Larry Torres es nativo de Arroyo Seco, Nuevo México, donde nació en 1954. Es el segundo de ocho hijos nacidos a Fermín e Irene Torres. Ha sido profesor de español, ruso, inglés, francés, latín, y educación bilingüe por veintitrés años. Ahora enseña en la Escuela Preparatoria de Taos donde es jefe del Departamento de Lenguas Extranjeras. También es director de La Compañía de Arroyo Seco, la cual presenta dramas tradicionales nuevo mexicanos.

El señor Torres es reconocido internacionalmente como orador y presentador sobre el tema de la educación global en la enseñanza de lenguas extranjeras. También es actor con el Fundación de Nuevo México para las Humanidades en el programa *Chautauqua*. Por cinco años ha interpretado los papeles de Jean-Baptiste Lamy, primer arzobispo de Santa Fe, el conquistador Francisco Vásquez de Coronado, y el activista de derechos civiles, Reyes López Tijerina.

El señor Torres es un escritor cuyas obras sobre la cultura nuevo mexicana han alcanzado a miles por medio de *El Crepúsculo*, y *Aquí en Los Valles* que se publica semanalmente en el periódico *The Taos News*. Sus primeros cien ensayos escritos en español fueron publicados en el libro *Yo Seigo de Taosi*, que se usa para enseñar español en la Universidad de Nuevo México. Este año publicó unos libros titulados *Los cocos y las coconas*, *Los matachines*, *Las cuatro apariciones de Guadalupe*, *Las posadas*, y *Los moros y los cristianos*.

El señor Torres fue reconocido nacionalmente en 1992, cuando fue escogido por la compañía Walt Disney como el maestro sobresaliente de lenguas extranjeras al nivel nacional en la ceremonia *Disney Salutes the American Teacher Awards Program* en Los Angeles, California. En 1993, recibió el premio y título de *National Educator de la Familia Milken*, junto con veinticinco mil dólares, en reconocimiento de su habilidad como maestro de lenguas. Ese mismo año fue nombrado Nuevo Mexicano Sobresaliente del estado de Nuevo México. Su vida ha sido publicada en varias revistas, incluyendo *Taos Magazine*, *Vista Magazine*, *Spirit Magazine*, *Santa Fean Magazine*, *La Herencia Magzine*, y *New Mexico Magazine*. Ha sido nombrado a la sociedad de honor educativa Kappa Delta Pi. Recibió el premio de profesor sobresaliente de la Coalición de Profesores de Lenguas Extranjeras del Sudoeste. También ha sido dado comendaciones y decoraciones por el Departamento de Educación, la Legislatura de Nuevo México, y por los Embajador Unidos. En 1996 recibió el Premio Camino Real, dado anualmente a catorce nuevo mexicanos sobresalientes.

About the Author

Larry Torres is a native of Arroyo Seco, New Mexico, where he was born in 1954. He is the second of eight children born to Fermin and Irene Torres. He has been a teacher of Spanish, Russian, English, French, Latin, and bilingual education for the past twenty-three years. He currently teaches at Taos High School, where he is chair of the Department of Foreign Languages. He is also the diretor of La Compañía de la Santísima Trinidad, which presents traditional New Mexico folk dramas.

Larry Torres is internationally recognized as a speaker and presenter in the field of Global Education in foreign- language teaching. He is an actor with the New Mexico Endowment for the Humanities' *Chautauqua* Program. He has successfully completed many years of impersonating Jean-Baptiste Lamy, first archbishop of Santa Fe, throughout the Southwest. He has also portrayed the persona of conquistador Don Francisco Vásquez de Coronado and of civil-rights activist Reyes López Tijerina.

Mr. Torres is a writer whose work on New Mexico Hispanic culture has touched thousands by way of the Spanish page in the *El Crepúsculo* section of the weekly publication *The Taos News* and by way of his English column *Aquí en Los Valles*. His first one hundred essays written in Spanish were collected in the book released through El Crepúsculo, Inc., titled *Yo Seigo De Taosi*, which was used as a text to teach Spanish at the University of New Mexico. He is currently working on the sixth cycle of essays on the Hispanic culture. This year he published the bilingual books *Los Cocos y La Coconas: The Bogey Creatures of the Hispanic Southwest* and *Los Matachines Desenmascarados: An Historical Interpretation of the Ancient Dance-drama, Las Cuatro Apariciones de Guadalupe, Las Posadas and Los Moros y Los Cristianos*.

Mr. Torres was brought to national prominence in 1992 when the Walt Disney Corporation singled him out as the National Outstanding Foreign Language Teacher of the Year at the Annual Disney Salutes the American Teacher Awards program in Los Angeles, California. In 1993, Mr. Torres won the National Educator Award sponsored by the Milken Family Foundation. He was given a check for twenty-five thousand dollars in recognition of his teaching excellence. That same year he was also named the Outstanding Young New Mexican for the State. He has appeared in *Taos Magazine, Vista Magazine, Spirit Magazine, Santa Fean Magazine, La Herencia Magazine*, and *New Mexico Magazine*, and he has also received commendations from the state Department of Education, from the Forty-first Legislature of the State of New Mexico, and from ambassadors Bogosian and Pierce.

Most recently, Larry Torres was a recipient of New Mexico's first Golden Apple Award, for which he received a fully paid sabbatical in the fall of 1996. He has been inducted into Kappa Delta Pi International Honor Society for Excellence in Teaching and also received the Excellence in Teaching Award sponsored by the Southwest Coalition of Language Teachers. Mr. Torres was recently given the Camino Real Award as one of fifteen Outstanding New Mexicans for 1996.